银行业工程保证担保机制研究

STUDY ON BANK GUARANTEE MECHANISM FOR ENGINEERING

张杰辉◎著

经济管理出版社
ECONOMY & MANAGEMENT PUBLISHING HOUSE

图书在版编目（CIP）数据

银行业工程保证担保机制研究/张杰辉著. —北京：经济管理出版社，2021.3
ISBN 978-7-5096-7859-6

Ⅰ.①银… Ⅱ.①张… Ⅲ.①建筑工程—担保制度—研究—中国 Ⅳ.①F426.9
②D923.34

中国版本图书馆 CIP 数据核字（2021）第 050902 号

组稿编辑：赵亚荣
责任编辑：赵亚荣
责任印制：黄章平
责任校对：王淑卿

出版发行：经济管理出版社
　　　　　（北京市海淀区北蜂窝 8 号中雅大厦 A 座 11 层　100038）
网　　址：www. E-mp. com. cn
电　　话：（010）51915602
印　　刷：北京虎彩文化传播有限公司
经　　销：新华书店
开　　本：720mm×1000mm /16
印　　张：12.25
字　　数：201 千字
版　　次：2021 年 4 月第 1 版　　2021 年 4 月第 1 次印刷
书　　号：ISBN 978-7-5096-7859-6
定　　价：49.00 元

前　言

工程项目建设过程中存在着诸多的风险，信用风险是其中之一，有必要建立一套有效的保证体系或风险转移制度来规范建设活动主体的行为。在发达国家和地区，工程保证担保作为一种制度安排，已成为保障建设工程招投标有序进行及合同履行的一种重要信用工具。

我国担保制度起步晚且尚不健全，施工企业过多造成的低价恶性竞争给施工企业日后无法完全履行施工合同及业主拖欠工程款埋下隐患。本书利用信息不对称和委托代理理论，研究建筑市场上的承包商的履约行为；运用非合作博弈理论分析业主与承包商的困境，针对我国当前建设工程承发包、合同订立与履行所存在的问题及其对各方当事人和社会所造成的负面后果，分析了推行工程保证担保制度解决建设活动主体违约问题的机理；进一步借鉴了银行信贷配给的研究，验证了仅提高担保费率无法化解银行担保风险，加强对申请人的审查力度是可行的方法之一，并就审查力度与申请人履约率之间的关系进行经济学分析。

本书在借鉴国外工程保证担保制度与实践以及国内相关研究文献资料的基础上，研究我国银行业在工程保证担保制度的建立和运行过程中，如何根据自身的特点和优势，进行工程保证担保产品的选择、定位、业务管理体制与机制建设，以提高工程保证担保的业务技术水平、降低风险，并对建设工程招标投标工作的正常开展和工程承包合同的履行，发挥其重要的保障与支持作用。从我国社会主义市场经济体制和建设工程管理体制的现实条件出发，分析了我国银行业应成为开展工程保证担保业务的主体。应把业主方支付保证担保、承包商履约（工程承包）保证担保、承包商付款保证担保和预付款保证担保作为银行业面向工程建设的中间产品业务的核心产品，加强行业内部运作机制、监管体系建设和现代科学管理手段的开发与应用，整体提升工程保证担保的业务水平。在强调有效应用反担保手段防范银行工程保证担保风险的同时，重点研究了工程保证担保业务的前期受理、保函定价、合同审核和后期跟踪管理等方面的机制建设问题，并提出了相应的方法和应对策略。

张杰辉

2020 年 3 月 20 日

目　录

第一章　绪　论

担保是指债权人为确保债务得到清偿，而在债务人或第三人的特定的物和权利上设定的、可以支配他人财产的一种权利的行为。① 设立担保制度的目的在于规范担保行为和担保方法，调整担保法律关系，减少经济活动中的不安全因素，增强信用观念，保障债权实现，从而维护正常的经济秩序，促进经济健康发展。

工程保证担保制度是指在担保法律规定范围内，建设工程合同的一方当事人，要求对方或具有合格资信的第三方，为对方的合同义务和承诺提供担保，在对方履约不力时，承担代为履约或负责赔偿责任的民事法律制度②。在美国、英国等发达国家，建设工程担保作为一种成熟的制度安排，在工程建设项目的实施和合同管理方面发挥着积极的作用。

在我国专业工程担保公司尚不成熟、尚不具备足够的经济实力和信誉时，银行业以其特有的雄厚资金和良好信誉，可率先开展工程保证担保业务。本书从银行金融业经营工程保证担保产品的角度展开相关研究。

第一节　研究背景

我国建设体制改革以招标投标制、项目法人制、合同管理制和建设监理制四项基本制度为主要内容，在培育和发展建筑市场方面均发挥了积极作用。随着改革的深化和形势的发展，建设领域又出现了许多新情况新问题，如发包人拖欠工

---

① 李爱春. 建立工程担保制度的思考 [J]. 兰州铁道学院学报（社会科学版），2001（4）.
② 孟宪海. 国际工程担保制度研究借鉴 [J]. 建筑经济，2000（6）.

程款、中标人不签约，或在履约过程中承发包双方不遵守施工合同等。上述种种问题也曾出现在发达国家建设进程中的某一阶段。无论是英国、德国，还是美国，又或是日本，都采取工程担保这一手段来解决诸如中标人不签约、不履约等问题，并取得了较好的成效。① 值得引起注意的是，除了少部分国家要求业主支付担保须同承包商履约担保对等实行外，② 建设项目业主支付保证担保在上文所提及的大部分发达国家并不常见，因为国际上通常认为业主寻找承包商开工建设的目的是得到建筑产品，因此"承包商（卖方）工作得到报酬，业主（买方）付款获得工程"是天经地义的事情（FIDIC）。

在利用世界银行贷款进行经济建设的过程中，工程保证担保作为工程项目管理的国际惯例之一开始引入我国，③ 在制度建设方面，尚处于初级阶段；在理论研究方面，尚未成熟。由于我国工程担保市场运行环境与发达国家的差异及国情的特点，我国无法全盘照搬发达国家的成熟模式，④ 因此，我国在实践摸索中建立适合我国国情的工程担保制度时，难免遇到问题，值得研究探讨。

一、我国建筑市场与工程担保行业背景

改革开放以来，我国各项事业蓬勃发展，经济建设取得了巨大成就。与此同时，我国不断出现新的市场需求，不断培育新的产业。新产业、新产品以及企业的自我更新改造，都带动了大规模的建设。

（一）我国建筑市场背景

1. 国内建设规模大，建筑市场开放

随着经济的发展和施工技术的进步，对工程建筑的要求已从简单的实用上升

---

① 宋金灿，黄兴宇．工程担保机制在建设工程管理中的应用 [J]．中国工程咨询，2005（2）.
② 陈靖．拖欠农民工工资现象的成因及法律对策 [J]．经济师，2005（1）.
③ 程伟，孙玉．美国工程保证担保制度发展及借鉴 [J]．施工企业管理，2005（5）.
④ 刘巨荣．浅议工程担保问题 [J]．科技情报开发与经济，2004（3）.

到追求舒适、体现个性。社会经济的快速发展扩大了对建筑工程的需求，我国是世界上最大的建筑市场之一。时任建设部副部长黄卫在 2005 年中国工程担保论坛开幕致辞时说，中国建筑市场巨大，2004 年，国内建筑市场创造增加值达9672 亿元，按可比价格计算，同比增长 8.1%。全国具有资质等级的总承包和专业承包建筑业企业实现利润 621 亿元，较 2003 年增长 19.5%。目前中国正处于建设高峰期，工程规模大且复杂。

西部大开发给西部各省份带来重大发展的历史机遇，同时，西部基础设施建设的启动也为建筑业提供了前所未有的市场空间；2004 年青藏铁路已累计铺轨 743 千米，西气东输工程全线投入商业运营，南水北调东线、中线同时开工建设；北京申办 2008 年奥运会成功，数以千亿计的资金被用于改善其基础设施的建设。我国的工程建设市场已成为国内外建筑企业相互竞争的一个焦点。

2. 国际工程承包发展缓慢，市场份额小

据国家统计局的统计，截至 2001 年底全国建筑业从业人数 3669 万人，比1991 年增加 67.6%。我国建筑业从业人员占世界建筑从业人员的 25%，但是，我国建筑企业的国际工程承包额却仅占国际工程总承包额的 5%。[①]

3. 行业非理性竞争，安全质量情况堪忧

由于我国建筑业的行业进入壁垒过低、市场主体行为不规范，工程质量和施工事故时有发生，使工程风险因素大大增加，而退出壁垒又过高，由此造成了企业过度进入，行业生产力大量过剩，从而引发了大量企业间的非理性化竞争行为。部分施工企业法制意识和风险意识淡薄，挂靠、垫资、垫料、拖延工期等行为屡禁不止，出现严重的违法乱纪现象。[②] 比如，很多施工企业只有以为业主垫资建设为条件才能承揽到工程建设项目。由于不少以这种方式承接工程项目的施工企业本身就是困难企业，一旦资金周转不灵，工程进度减缓、偷工减料的现象在所难免，自然就会与业主产生纠纷，在后续的合同履行过程中留下业主拖欠工

---

① 刘捷. 对工程担保的思考 [J]. 山西财税，2006 (5).
② 王金荣. 实行工程保证制度规范建设经济活动 [J]. 建筑经济，2002 (6).

程款、工期拖延以及工程质量有缺陷等隐患。

由于建筑市场管理仍不完善，我国建筑市场行为主体履约率低、信誉差，工程事故多发。在经济较不发达的省市地区，问题更严重：工程招标投标流于形式，重大工程质量问题和安全事故不断发生，豆腐渣工程带来一次又一次的惨痛教训，道路塌方、桥梁塌陷、楼房严重沉降甚至倒塌、防洪护堤被冲垮等造成严重后果，造成难以统计的经济损失，严重阻碍了经济和社会的健康发展。① 2006 年，全国共发生建筑和市政基础设施工程施工安全事故 882 起、死亡 1041 人，其中，发生一次死亡 3 人以上重大事故 39 起、死亡 146 人。近年来，高空坠落和坍塌一直是事故和死亡的重点，占比超过 50%，是安全事故的高发环节。同时，安全生产工作中也存在少数地区或少数企业屡屡发生事故的特点。

此类问题是多方面原因造成的，排除自然因素外，人为因素是问题产生的关键所在。有的业主违反国家规定，以各种假招标方式，甚至直接指定不合格的建筑施工企业，以便个人从中获利；有的业主无理压价，造成工程项目经费不足，最终承包者偷工减料、降低工程质量标准；有的业主向施工企业提出违反科学的、不切实际的工期要求，从而也影响了工程质量。施工企业行为不规范会导致工程质量低下和施工事故时有发生，使工程风险因素大大增加。② 比如，施工企业存在技术和管理能力不足、层层分包、非法转包等，都会给工程质量不合格和不安全施工埋下隐患。

（二）工程款拖欠严重，承包商不敢索赔

各个地方的情况虽有差异，但总体而言，业主拖欠工程款的现象都不容乐观。比如厦门市建设与管理局在《推行工程担保制度构筑建筑市场诚信体系》一文中披露：由于市场信用制约机制尚未健全，市场信用程度不断下降，厦门市施工合同的履约率一度低于 50%。建筑市场拖欠工程款、拖欠工人工资两大问题日益突出，成为影响厦门市建筑市场健康发展的重要因素。据统计，截至 2000

---

① 厦门市建设与管理局．推行工程担保制度 构筑建设市场诚信体系 [J]．建筑经济，2002（6）.
② 刘捷．对工程担保的思考 [J]．山西财税，2006（5）.

年 12 月，厦门市共有 158 家施工企业的 1068 个项目被拖欠 21.4261 亿元工程款，因拖欠工程款而导致施工企业拖欠工人工资达 1.1015 亿元。被拖欠工程款的承包商转而拖欠分包商、供应商和工地民工。仅 2003 年 1-11 月，上海市共查处拖欠民工工资金额近 5000 万元，涉及建筑民工近 2 万人。① 如此严重的拖欠工程款问题，一方面令许多企业资金周转十分困难，直接损害了施工企业的正常经营；另一方面也侵害了工人尤其是农民工的合法权益。这不仅扰乱了建筑市场的正常秩序，还影响了社会的稳定。要打破拖欠款项链条，还得要从源头上解决业主拖欠工程款的问题。

国家建设部统计数据显示，2002 年全国建设单位拖欠施工企业 3365 亿元的工程款中，房地产开发企业拖欠款占全部拖欠款的 39.6%、政府投资工程占 26.7%。② 由政府部门造成的工程款拖欠不仅造成了拖欠债务链的进一步拉长，而且严重损害了党和政府的声誉。房地产开发需要投入大量资金，但我国大部分房地产开发商（业主）自有资金较少，除了出售期房以缓解贷款压力外，为使项目得以滚动式开发，最廉价的做法就是要求承包商垫资，中国房地产项目已成为拖欠工程款的重灾区之一。

为了解决拖欠工程款的问题，有些城市的建设主管部门要求开发商从项目一启动就设立一个置于政府监管部门监督之下的工程款支付专用资金账号，根据施工监理批准的承包商提交的施工进度计划及现金流量估算，要求开发商向该账号注入首期工程款（比如从基础开挖到施工至正负零的款额），不足这一数额则不准开工，以后各期工程款的操作依次类推。当不能足额注入下一期工程款，即须停止施工。上述做法纯属政府监管，忽视了市场机制的调节作用。此外，一方面，施工监理受雇于业主，自然更偏向维护业主的利益；另一方面，我国监理机构与承包商的处境相似，激烈的竞争使获取项目十分困难，为企业的生存，为将来再次与业主合作的潜在可能性，不仅承包商不敢索赔，监理方亦不敢秉公办事。③

---

① 厦门市建设与管理局. 推行工程担保制度构筑建设市场诚信体系 [J]. 建筑经济，2002 (6).
② 迟琳. 工程款拖欠问题的政府机制问题研究 [J]. 基建管理优化，2009, 21 (3).
③ 白宗芹. 我国工程价款优先受偿权若干问题探析 [J]. 四川教育学院学报，2012, 28 (3).

广州为解决拖欠工程款及工人工资难题，由政府建立信用档案，将业主（开发企业）拖欠工程款及工人工资等失信行为记入信用档案。但截至 2003 年 9 月底，广州某建筑集团企业被拖欠的工程款就高达近 10 亿元，拖欠款年数多达 8-10 年，少则也有 2-3 年。由此可见，由于惩罚机制的缺位，信用档案的建立并未达到理想的结果。

几乎所有的业主（开发商）都利用自己的优势地位，在尽量要求承包商（施工企业）让利的同时，还要求承包商垫资施工。① 承包商为了保持与开发商（业主）的融洽关系以得到将来再度合作的机会，承包商在遭到业主拖欠工程款时主动放弃用法律手段捍卫自己合法权益的做法进一步纵容了建设项目业主拖欠工程款项的违约行为，② 已成为解决业主拖欠工程款问题进程中难以逾越的主要障碍之一。

（三）我国担保行业背景

1. 工程担保起步晚，风险管理不完善

我国的建筑行业正走向国际市场，国内建筑市场也在开放。我国工程保证担保制度刚刚起步，工程建设各参与方的风险意识均不强，工程风险管理制度也不健全、不完善，因此，未能从工程风险管理入手降低和转移风险。我国目前实施建设工程担保的，主要是一些利用外资和合资的工程建设项目，以及部分重点市政工程，而对国内投资的项目基本上未予开展。有关资料表明，在美国，工程项目的投保率在 90% 以上，而国内工程项目投保率低于 30%。③

2. 混合式市场结构，多种担保模式并存

工程保证担保是一个跨金融、建筑管理和法律三大学科领域的一个综合性较

---

① 王卫东. 试论建设项目资金支付信用担保的必要性及可行性 [J]. 建筑，2004（5）.
② 王进，刘武成. 论入世后工程风险管理制度的建立 [J]. 基建优化，2002（4）.
③ 程伟，孙玉. 美国工程保证担保制度发展及借鉴 [J]. 施工企业管理，2005（5）.

高的行业，与中国工程保证担保制度中多种担保模式并存的条件相结合，中国保证担保制度的市场组织模式也是混合式的，① 即承保主体为担保公司和银行等金融机构并存。

2004 年 6 月，北京市建委印发了《关于在建设工程发包承包活动中设定保证担保的若干规定》② （以下简称 " 《规定》 " ），《规定》要求 2004 年 10 月 1 日起 " 本市在建设工程发包承包活动中推行保证担保。房地产开发项目应实行保证担保 "。同时，第四条规定， " 保证人应当是在中华人民共和国境内依法设立的银行、保险公司或担保公司等机构 "。

3. 行业多头监管，体制机制亟待理顺

20 世纪 90 年代初，央行制定过 " 金融机构管理办法 "，明确将专业担保公司视为金融机构，纳入金融机构监管序列。1996 年，央行给国务院打报告，提出担保行为非金融行为，建议将担保机构作为非金融机构，确定由其他部门进行监管。1999 年，曾明确财政部为担保行业的监管部门，但中小企业融资担保一直由原国家经贸委现国家发展和改革委员会主管，住房置业担保又由建设部主管，中国的国情和经验显示：多头监管的结果往往是管理的低效力及责任的互相推诿。

二、推行工程保证担保的必要性和作用

科学的工程担保无论是作为一项制度安排，还是作为一种有效的管理工具，对强化我国建设工程合同管理，适应建筑行业面临 WTO 后的市场竞争并接受国际惯例做法，以及建立和健全我国工程保证担保制度等，都有着重要的现实意义。③

---

① 秋泰仓，徐玲珍. 工程保证担保制度探讨 [J]. 技术经济与管理研究，2006 (5).
② 周坚，陈春来，倪炜. 业主支付担保推广受阻的原因分析与对策研究 [J]. 企业经济，2005 (2).
③ 苗会状，董捷. 推行工程担保制度 防范工程信用风险 [J]. 建筑市场与招标投标，2006 (5).

（一）推行工程保证担保的必要性

1. 建设工程合同管理的需要

建设工程合同是指为实施建设工程项目所必需订立的各类合同的总称，如勘察设计合同、施工合同、监理合同、材料设备采购合同以及工程咨询服务等。较其他建设工程合同而言，建设工程施工承发包合同（简称"施工合同"）金额高，存续时间长，在我国，由施工合同引起的建设项目业主和承包商之间的纠纷也最为显著，因此，建设工程合同管理是本书关注和研究的重点。

我国《建筑法》的相关条款明确了建设工程项目实施过程中，工程承发包双方的责任义务。[①] 其中，承包商方面的核心义务是按照合同规定的工期和质量要求完成施工任务；业主方面的核心义务是按照合同的约定，进行工程施工验收并按时支付工程款。

建设工程施工合同在法律上属于双务合同。所谓双务合同，即签订合同的双方当事人都对对方负有履约义务，一般情况下，这类合同的双方义务应当同时履行（法律规定或双方约定一方应先为给付除外）。

倘若一方的给付为提供劳务，且该劳务可以在瞬间完成，义务的履行须持续发生，这就使一方的劳务给付与对方的等价金钱给付不可能同时履行，而应由一方先予给付。由于金钱给付者在给付金钱后难以牵制对方，因此，在通常情况下，劳务给付为先、金钱给付在后。虽然劳务给付者在给付劳务后，可以以转移劳动成果等方式牵制对方，但其先予给付后无法获得对等给付的风险仍可能存在。因此，为了保护先予给付的劳务提供方的利益，有以下两种主要措施：

在法律上通过设立法定担保物权的相关规定，平衡给付劳务者因先予给付所造成的不利。诸如法定抵押权、法定质权、一般或特殊留置权、优先权等法定担保物权，通过赋予给付劳动者优先受偿权向其提供保障。

引入包括工程保证担保在内的信用担保机制，通过信用担保，替代法定担保

---

① 白宗芹. 我国工程价款优先受偿权若干问题探析 [J]. 四川教育学院学报，2012，28（3）.

物权以保护双务合同主体的合法权益。

施工合同主体双方均有必要向合同另一方提供履约担保。一方面，业主有必要向施工方提供业主履约担保，即业主支付担保。施工方是劳动先予给付方，业主方应向其担保工程款的及时支付，以保障施工方所提供之劳务合理受偿。另一方面，施工方也有必要向业主提供承包商履约担保。虽然施工方往往先予给付劳动，但由于业主方投资目的是按时获得完整的、合格的建筑产品，因此，施工方有必要向业主担保以合理成本按时完成合格工程项目。因此，具有双务合同法律属性的建设工程施工合同的订立和履行，既需要有相关法律对法定担保物权做出规定，也需要有工程保证担保制度的支持，才能平衡合同双方当事人承担的风险。

2. 适应 WTO 与建设工程管理国际惯例的需要

我国已加入 WTO，是世界贸易组织的一员，这给我国经济领域带来了机遇，也带来了竞争，对建筑业而言，同样如此。[①]

一方面，进入国际工程承包市场的环境和条件大为改善，更多的国家和地区的建筑市场对中国建筑业企业开放，我国对外承包市场也相对扩大；关税壁垒的减少降低了我国对外承包工程成本并带动更多的材料、设备和机电产品的出口；WTO 成员间的资源互享使我国获得更多的国际工程信息，我国企业可以在国内学习和积累国际工程承包经验。

另一方面，我国加入 WTO 后，允许外国建筑企业在中国成立合资、合作企业；合资、合作企业在加入 WTO 三年后开始享受国民待遇；加入 WTO 五年后开始允许外商成立独资企业。[②] 据统计，目前全球最大的 225 家国际工程承包公司中，已有 140 多家在中国承揽业务。中国已批准了 120 多家中外合资和合作的建筑工程设计事务所。[③] 随着国内市场的进一步开放，中国将有许多项目在世界范围内招标，海外建筑商将越来越多的关注目光投向中国。尤其是在我国加入 WTO 后的过渡期结束后，外商独资企业将同中外合资、合作企业一起，以中国

---

①　王卫东. 试论建设项目资金支付信用担保的必要性及可行性 [J]. 建筑，2004（5）.

②　刘伊生，王小龙，陈忠林. 国外工程担保制度及其启示 [J]. 工程管理学报，2010，24（1）.

③　外资建筑企业获准登陆中国市场 [N]. 北京青年报，2002-11-14.

企业法人的身份在中国建筑市场开展工程承包活动，这将对长期以来国有建筑业企业占主导地位的国内建筑市场竞争格局提出严峻的挑战。[1]

从目前已经在中国市场上承包工程的外国企业以及外商投资企业上来看，外国企业在以下几个主要方面具有竞争优势：一是技术力量；二是管理水平；三是融资能力。凭借这些优势，外商投资企业承包工程的范围将主要在工程规模大、技术水平高的大型水力、电站、厂房、设备安装等项目上，承包工程方式也将以利润水平较高的项目管理、工程总承包为主，这给同样服务于这部分市场的大型国有建筑业企业带来挑战。此外，加入 WTO 后，我国建设投资呈多元化，国内的外资项目，如世行项目、亚行项目、中外合资项目、外商独资项目等均已按国际惯例进行管理。在采用标准合同文件的建设工程项目中实行工程担保制度已是国际惯例，今后国内会越来越多地遇到国际工程，我国的工程项目管理必须尽快与国际接轨。[2]

（二）推行工程保证担保的作用

长期的工程实践证明，实施工程保证担保制度，有利于提高工程合同的履约水平，减少责任纠纷，降低合同双方风险。

1. 淘汰不合格业主及承包商，提高建筑市场准入门槛

工程项目开发是一个高投入、高风险的行业。尤其是经营性房地产开发行业，高投资收益率使开发商趋之若鹜，其中不乏根本不具备资金实力的开发商。推行建设项目业主支付担保，意味着任何建设项目业主（政府或非政府）只有提供足额的质押物或者得到担保机构的认同才能进入建设市场。而担保机构只有在对被担保者（即建设项目业主）进行包括资产负债表、往来银行提供的银行信用、以往支付/履约记录、公司业务持续发展计划等在内的综合资信评估之后，才会出具保函。实力不够的业主因无法取得保函而自行退出建筑行业。[3]

---

① 王进，刘武成. 论入世后工程风险管理制度的建立 [J]. 基建优化，2002（4）.
② 王素卿. 开拓创新、重在落实：大力推行工程担保制度 [J]. 建筑市场与招标投标，2005（5）.
③ 李艾. 支付担保刻不容缓 [J]. 基建优化，2004（6）.

同理,客观上不具备必要的履约能力同样会造成承包商违约。担保人为规避风险而担当对承包商进行初审的角色,对债务人的履约能力进行深入考察,形成有效的过滤机制,排除部分不具备相应能力的承包商。

2. 保障建设工程合同履行

如上部分内容所述,缺乏资金实力的业主及不具备履约能力的承包商本身就较难通过银行的担保审查,因此,推行工程保证担保,从源头上就排除一部分因业主经济能力弱或因承包商高估自己履约能力而造成的违约,客观上降低了业主或承包商违约发生的概率。

当被担保的业主和承包商不能履约时,担保人将首先调查业主和承包商不能履约的原因,寻找保障合同顺利履行的有效措施。比如,业主由于暂时性资金周转不灵导致无法及时支付工程款,但经调查,业主的支付意愿较强烈,则担保人可以通过短期借贷向业主提供资金援助。再如,承包商因某种原因无法继续建设该工程项目时,若经调查,该承包商尚有进一步履约的可能性,则担保人可以向承包商提供包括资金、技术和管理等在内的必要帮助,以便合同继续履行;若该承包商实在无法继续履约,担保人则通过赔偿以弥补给业主造成的损失,或接手工程引入新的承包商继续履约。①

3. 保证工程质量,维护业主利益

工程质量问题产生的重要原因是缺少利益约束机制。没有经济制约和惩罚的工程建设环境只会纵容粗制滥造、偷工减料等以最小代价谋取最大利益的行为。担保人独立审查申请人的资信,并以自己的财产为自己错误批准的担保承担经济损失,因此,一般情况下,担保人会通过设计强有力的反担保措施对承包商的行为进行制约,使工程质量得到最终的保证,从而维护业主的利益。

4. 增强业主履约付款意识,保护承包商利益

施工企业按照施工合同规定的工期和质量要求完成施工任务,获取报酬;建

---

① 秋泰仓,徐玲珍. 工程保证担保制度探讨 [J]. 技术经济与管理研究, 2006 (5).

设项目业主进行建设项目投资，支付工程款，得到工程产品。

实行工程项目业主支付保证担保，若业主不及时支付而造成违约，业主不但遭受经济损失，更不可能得到工程产品。这就大大增强了业主履约的自觉意识，降低业主为启动新项目，抽调资金，故意违约的概率。并且，在工程项目建设过程中，担保人有权利对业主的建设资金安排使用情况进行监督管理，以确保业主如期支付工程款，防止担保人代为赔付情况的出现。当业主由于非承包商责任而无法支付工程款时，由于担保人往往是资金实力雄厚、信誉良好的银行等金融机构，因此，承包商能比较及时获得工程价款，保障了承包商的正当权益。[①]

我国《担保法》设定了法定留置权，保护承包商的合法权利，但在权益遭受侵害时敢于索赔的承包商却不多见，索赔成功并获得应得赔偿的就更少。这是因为在建设领域买方市场的情况下，承包商想要保持与业主融洽的合作关系，寄盈利希望于下一次合作，[②] 但这极有可能为新一轮的拖欠工程款埋下隐患。实行建设项目业主支付担保，通过有经济实力的第三方保证既保护了承包商的应得利益，同时也避免了承包商直接向业主索赔的正面冲突。

5. 提高建设投资效益，规范建筑市场竞争

我国长期实行政府主管部门核定建筑施工企业资质的制度，但实际施工企业的履约情况与资质等级并不完全相一致，因此，业主除了查看国家核定的施工企业资质外，还需自行进行承包商资格预审，然而，业主对此并不擅长。

实行承包商履约保证担保，由担保机构承担对承包商的资格预审功能，所以在招投标过程中业主无须自行进行承包商资格预审，可以实行完全的公开招投标制度。同时，在评标过程中，也可采用最低价中标的评标办法。在高保额保函模式下，担保人以自己的资产为承包商履约能力做出担保，如果未对资格预审把好关，担保机构就将付出巨大代价。严格的预审与反担保措施，不仅给市场提供了公平的竞争机会，也能有效约束承包商行为，承包商若以不合理低价中标，其结

---

① 徐恒峰，崔秀敏. 建筑市场工程款拖欠的原因与应对 [J]. 郑州航空工业管理学院学报（社会科学版），2004（6）.

② 周坚，陈春来，倪炜. 业主支付担保推广受阻的原因分析与对策研究 [J]. 企业经济，2005（2）.

果是进则亏损，退则被罚。

实行工程保证担保制度，通过建筑业企业之间的有序竞争，业主不仅可以以较低的合理价格找到承包商，而且从很大程度上排除了以不合理低价中标的承包商给工程质量带来的潜在风险。

6. 降低建筑产品的市场交易成本

工程保证担保通过以下几方面，降低交易成本：

（1）以对承包商严格有效的专业化资信预审代替行政方式的市场准入控制和业主的自行考察，提高初审效率；

（2）担保人在对承包商资质进行评审时注重承包商与承担项目的历史经验，对经验丰富的承包商增强其信用，从而鼓励和促进专业化分工，提高行业效率，降低建筑业的综合成本；

（3）建筑建设项目业主支付担保的实行，将促使业主尽快结清工程款，承包商付款保函可解决工程款层层拖欠问题，两者均有利于降低成本，加速建筑业市场资金融通。

7. 减少合同违约行为，遏制与转移人为风险

以承包商履约保证担保为例，由于承包商在购买工程担保时被要求对被担保金额进行反担保，因此担保机构只是名义上的风险承受者，而承包商则是工程风险的实际承受者。承包商清楚地知道一旦发生合同违约，其人为风险的最终后果完全由自己承担，轻则受到经济损失和信誉贬低，增加了下次投标的成本；重则失去获得工程担保的能力，从而因为不能参加工程投标而不得不退出建筑市场。由于承包商对工程人为风险责任后果有一个正确的理性预期，认识到规避工程违约风险的最好办法是严格履约，减少违约事件的发生，因此工程担保对建设项目业主实现了真正的人为风险转移。

上述理论亦适用于建设项目业主支付保证担保。排除这样的情况：前一项工程尚有部分工程款积压在业主处，施工企业一般不会明知业主不付款还承接其建设项目。拖欠工程款的业主因不良记录，在下次建设工程项目时，难以找到承包商。特别地，对于房地产开发商，房地产项目的开发建设占其主营业务的很大比重，失去合作关系良好的承包商，会令开发商的业务开展举步维艰。

工程担保机制相当于人为风险反馈装置，正是这种风险反馈作用遏制了风险的产生，从而降低违约出现的概率，进而保证建设领域的正常运转。

8. 转变政府职能，促使市场信用机制健全

工程保证担保制度是一项市场保证制度，是对部分政府职能的社会化。它以市场经济的手段建立起一道市场准入门槛，作为独立的经济利益主体，担保人从自身经济利益出发，承担评审的责任，参与质量和安全监督，并为其错误的评审承担后果。在整个过程中，由各个市场主体做出决策、运行工程项目；政府通过制定和颁布政策法律，引导市场。

建筑商和政府、企业相勾结，建设领域的违法乱纪、腐败现象历来是社会关注的热点之一，也是目前我国社会和经济领域比较难解决的老大难问题。引进工程保证担保制度，使政府从微观监督中解脱出来，其一，有助于转换政府职能；其二，可以减轻财政负担和压力；其三，由于政府部门不再从事微观操作层面上的工作，从一定程度上遏制了官商勾结与官僚腐败。

我国是非征信类国家，长期以来缺乏对个人和企业的信用评价和失信惩罚机制。① 以建设项目业主支付担保为例，一方面，推行该担保制度有利于建立房地产开发企业的信用档案，记录其资金实力、业绩及不良行为等；另一方面，提供保证担保的机构如果不仔细审核建设项目业主的综合情况，频频失误，将会导致担保机构破产，这就迫使担保机构越来越谨慎，这对诸如房地产企业的资质核定制度将形成补充。对于建设项目业主而言，是需要向担保人交纳保费的，保费多少不但取决于担保机构提供的担保额度及业主提供的反担保等情况，而且在很大程度上依赖于业主的信用等级。由于有实际利益维系，这就迫使建设项目业主更重诚信。良性循环的结果是信用差的企业取得担保的成本不但越来越高，而且获得担保也越来越难。对于承包商/施工企业同样如此。

---

① 苗会状，董捷. 推行工程担保制度 防范工程信用风险 [J]. 建筑市场与招标投标，2006（5）.

第二节 研究工作的主要方面

一、研究工作路线及方法

（一）研究工作路线

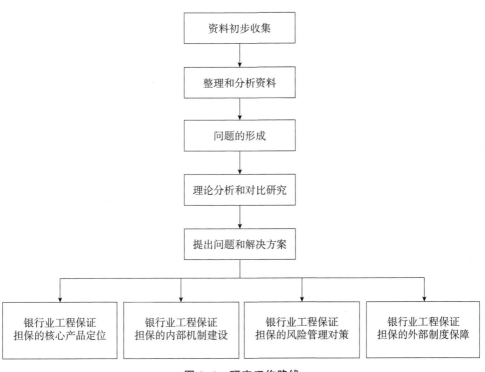

图1-1 研究工作路线

（二）研究方法

1. 国际比较借鉴法

通过分析改革开放前后特别是中华人民共和国成立以来各个阶段我国建筑领域的发展情况，尤其是对工程保证担保业务及其金融支持在我国发展状况的比较，找到现存的主要问题及其具体原因，为工程保证担保制度的进一步发展，以及金融支持机制的发展和不断完善提供必要的理论和现实依据。由于各国工程保证担保发展历程、模式、特征各不相同，各有特色，通过与发达国家的比较，在参考国际工程保证担保制度相关经验的前提下①，找出我国工程保证担保制度以及相关业务需要改进的地方，借鉴国外的先进方式和我国实际情况相结合，从而更好地为我国建筑业的发展提供保证。

2. 理论和实际相结合的方法

在对一系列事实阐述和具体数据引用的基础上，结合我国工程保证担保目前的形势和银行业开展工程保证担保业务的实际状况，深入剖析问题所在，找到有关问题的实质和根源，使之与理论有机结合。

3. 理论分析方法

对工程保证担保及其金融支持机制进行一个较为明确的定位。在工程保证担保及其金融支持机制等概念的基础上，通过经济学、管理学、建筑学等学科理论的运用，比较系统地给出了相关的理论框架，通过经典理论的运用，为观点提供了强有力的理论支撑，从而也更加有力地支持了论点。

4. 资料检索与实情调研相结合的方法

结合实际案例，笔者在对存在的具体问题提出构思后，通过资料检索，并对

---

① 孟宪海. 国际工程担保制度研究借鉴 [J]. 建筑经济，2000 (6).

有关部门和单位进行了实地访问，进行广泛的社会实践工作，在保证价值判断正确和无害的前提下，有选择地使用、借鉴了有关的事例和数据，为本书提供了较强的实际支持。

二、研究结构及主要内容

（一）研究结构

本书的研究结构如图 1-2 所示。

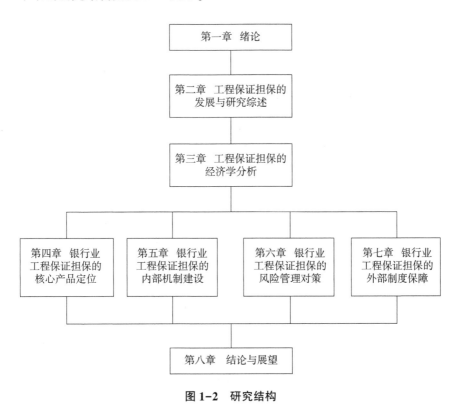

图 1-2　研究结构

（二）主要内容

结合我国目前建设领域的实际情况，分析我国推行工程保证担保制度的必要性和作用。运用相关经济学理论和管理学理论，探讨我国建筑市场行为主体的信用机制；从现实工程保证担保中常用的品种出发，结合银行金融业的优劣势，参照"抓大放小，有所为，有所不为"的原则和有利于工程保证担保市场的培育、有利于全面推行工程保证担保的角度，分析论证了适宜银行金融业经营的保证担保品种，为银行参与工程保证担保业务的经营与管理提供依据；从银行业工程担保内部机制存在问题的主要表现入手，找出原因，并分析加强银行内部机制建设的必要性；通过前期审核风险预控机制、保额及保费确定机制、保函审批与控制机制及该项业务的日常管理机制等全方位阐述银行业工程保证担保机制建设的主要内容及进一步措施。

担保银行面临市场、法律、经营等多种风险，利用信贷配给制的经济学原理分析证实仅靠提高担保费率无法化解银行担保风险。目前，银行对担保风险管理的现状并不理想，本书提出通过加强审查力度、账户管理等对策规避风险；银行业要顺利开展工程保证担保业务，还有赖于外部制度的保障，通过分析制度、法律、市场及社会等外部环境，提出通过健全工程担保行业监督、完善相关法律法规、构建诚信评估体系等措施完善外部环境。

第三节　主要创新点及研究意义

一、主要创新点

（一）提出我国的担保行业尚不健全

在工程保证担保制度初期，银行业非但不应该退出工程保证担保领域，更应加强其机制建设，在工程保证担保制度的建立、完善和实施过程中，成为工程保证担保的骨干力量，发挥带动和示范作用。

（二）提出我国银行业工程保证担保产品定位的新思路

本书指出，把业主支付担保、承包商付款担保、预付款担保及承包商履约担保作为银行业工程保证担保的核心产品，具有覆盖面宽、效用期长和市场份额大的特点，并围绕核心产品进行相关适应性分析。

（三）推行工程保证担保制度，加强银行业业务运营机制的必要性

利用信息不对称、委托代理理论、非合作博弈理论，研究建筑市场上的承包商的履约行为，论述推行工程保证担保制度能够解决建设活动主体违约的机理；进一步借鉴斯蒂格里兹和温斯对银行信贷配给的研究，验证了仅提高担保费率无法化解银行担保风险；并就审查力度与申请人履约率之间的关系进行经济学分析。

除了强调有效应用反担保手段外，还从保证担保业务的前期受理、保函定价、合同审核和后期跟踪管理等方面，提出了加强银行业保证担保业务运营机制建设的构想。

二、研究意义

自从改革开放以来，我国市场经济体制的建立和发展已经取得了较大的成绩，市场机制在社会经济发展中发挥越来越大的作用。工程建设领域的管理体制改革虽然起步较早，但工程建设的生产组织方式和市场交易过程的特殊性，使建筑市场的健全程度相对滞后，且存在诸多亟待解决的问题。其中，工程承发包及合同履行过程的诚信守信缺失行为是尤为突出的问题之一。工程保证担保制度的建立和实施是解决此类问题，有力保护承发包各方合法权益的根本措施。因此，

本书的研究意义在于以下方面：

（1）有利于推动我国工程保证担保制度的尽快建立、健全和实施。[①] 我国已有专家学者对工程保证担保制度的框架和推行策略进行了研究，他们的观点和研究成果为本书的研究提供了导向，同时，本书的研究也充实了该项制度深化研究的内容。

（2）银行业开展工程保证担保业务，有利于工程项目管理制度的完善，同时增加银行业拓展业务的机会。

（3）有利于银行业在扩大经营范围时，正确认识和区分工程保证担保和一般经济担保的特点和性质，进行工程保证担保核心产品的定位，以及加强内部工程保证担保业务管理的机制建设，并提出风险管理的应对措施。

（4）提供了银行业在工程保证担保业务管理方面的可操作性方法，包括保证担保业务的受理审核、过程跟踪管理、风险分析与管理等。对银行业开展工程保证担保，提高业务运作能力和水平有实际意义。

---

① 徐恒峰，崔秀敏. 建筑市场工程款拖欠的原因与应对 [J]. 郑州航空工业管理学院学报（社会科学版），2004（6）.

第二章　工程保证担保的发展与研究综述

在世界范围内，保证担保都被作为一种优于传统欧洲银行信用证的产品而被广泛采用。保证担保被用来保证合同的履行，是平常商务活动的必要组成。工程建设领域保证担保关系的产生及其制度化过程有着长久的发展历史。在进行公共或私人建筑项目时，所有投标人必须提供投标保证书，根据签订的合同价格提供全部或一定比例的履约保证和相应的其他工程保证。本章将根据相关文献资料对工程保证担保的实践发展以及理论研究情况进行简要的综述，目的是为后续各章内容提供必要的研究背景。

第一节　国外工程保证担保的产生与发展

担保的产生历史可以追溯到 2000 多年前，地中海地区的历史学家赫多私斯（HERDOTUS）提出在合同文本中加入保证条款的概念，这是最早在正式文本中提出保证概念。[①] 此后，以个人身份为其他人的责任、义务或债务而向权利人方担保的事例变得非常普遍，弊端也逐渐显现。这类个人担保往往会因为保证人的意外亡故，或保证人无力履行担保义务，或其他原因而使承诺落空，从而给权利人造成灾难性的后果。[②] 因此，到了近代它就逐步演变成为由具备法人资格的经济组织充当担保人的专业性保证担保业务，由此解决了工程保证担保中个

---

① 程伟，孙玉 . 美国工程保证担保制度发展及借鉴 [J]. 施工企业管理，2005（5）.
② 刘巨荣 . 浅议工程担保问题 [J]. 科技情报开发与经济，2004，14（3）.

人担保存在的不足和局限性,① 同时规范了建筑市场,并成为国际上一个通用的规则。

一、工程保证担保在工程管理实践中产生

工程保证担保是指担保人（一般为银行、担保公司、保险公司、其他金融机构、商业团体或个人等）应合同一方（申请人）的要求向另一方（债权人）做出书面承诺。工程保证担保是工程风险转移的重要手段之一,充分利用了信用手段,加强建筑市场主体之间的责任关系,有效地保障工程建设项目的顺利实施。许多国家都在法规中规定要求进行工程担保,在标准合同条件中也包含有关于工程担保的条款。② 投标、履约和付款保证担保使现行公开的、竞争性的招投标体系能够平稳地运作。因此,它是根据工程建设管理的客观需要,在实践中形成和发展的。

工程保证担保起源于美国,1894 年,美国第一家专业保证担保公司——美国保证担保有限公司在纽约州成立。同年,美国国会通过了《赫德法案》,要求所有公共工程必须事先取得工程保证担保,以降低工程风险。③至此,美国联邦政府正式认同公共担保制度,以专业保证担保公司取代个人的信用保证担保。

1908 年,美国保证担保行业成立了自己的行业协会——保证担保行业联合会。次年,托尔保费制定局成立。直到 1947 年,托尔保费制定局一直为美国保证担保行业联合会会员公司制定费率,后来该局并入美国保证业联合会。

1935 年,美国国会通过了《米勒法案》(Miller Act),要求签订新建、改建、修复 10 万美元以上的联邦政府工程合同时,承包商必须提供全额的履约保证及一份独立的付款保函 (requires performance and payment bonds for any federal

---

① ③ 盛春奎,王旭峰,徐伟. 中国推行工程担保制度的探讨 [J]. 建筑技术, 2004, 35 (8).
② 佘立中. 中外工程施工合同条件的比较研究——合同条件及应用问题 [J]. 广州大学学报（社会科学版）, 2004 (3).

contract in excess of ＄100000)①。付款保证金额按照下列标准确定：100 万美元以下的工程，付款保证金额为合同价格的 50％；100 万－500 万美元的工程，付款保证金额为合同价格的 40％；超过 500 万美元的工程，付款保证金额为 250 万美元。该保函保证按时付款给材料供应商和工人，起到了保护劳动力和分包商、材料供应商利益的积极作用（to protect taxpayers' dollars and to protect the rights of laborers, suppliers and subcontractors in the event a contractor fails to complete a federal public works project)②。《米勒法案》规定由美国财政部负责审核担保公司的营业资格，并每年公布资质合格的担保公司名单。

1942 年前后，美国许多州的州议会对《米勒法案》进行了修改以适合各州需要。③ 这些州法令被称作《小米勒法案》（Little Miller Act)，该法案规定，凡是州政府投资兴建的公共工程项目均须事先取得工程担保（The Little Miller Act refers to laws governing the requirements of bonds for state and local public projects)④。自此，无论是在联邦政府投资的公共工程中，还是在州政府投资的公共工程中，工程保证担保制度都得以广泛实行。⑤ 由于公共工程的示范效应，工程保证担保随后也被广泛地使用在私营建筑项目中。

美国对公共项目实行强制性保证担保，保函由经批准从事担保业务的保险公司和专业担保公司出具，法律禁止银行进入该项目业务。通常采用高保额的有条件保函，主要担保品种为投标担保、100％履约担保和100％付款担保。其中，联邦政府工程要求 20％或最高 300 万美金的投标保函，州政府工程要求 5％-10％投标担保。

美国工程保证担保以其特有的方式，保证了美国建筑业快速、健康地发展。在美国，工程保证担保制度依托第三方实行信誉管理机制⑥，以"违约假定"为设计原则，对可能发生的问题加以防范，并落实管理制度和措施。目前，在美国

① ②　Miller Act, passed in 1935.
③　The Associated General Contractors of America. Miller Act Changes Guide to Surety Bonding. China D, Legal Spotlight, 2000.
④　Chen Hua. Engineering Guarantee Guarantee and Guarantee [J]. Journal of Taiyuan University of Technology (Social Science Edition), 2003 (2)：64-66.
⑤　刘捷. 对工程担保的思考 [J]. 山西财税, 2006 (5).
⑥　张东林. 市场经济需监管体系工程保证担保化解开发风险 [J]. 中华工商时报, 2003 (9).

工程项目管理模式中，联邦政府和各州政府依靠工程保证担保制度管理整个建筑领域的各项合同，在开发商和承包商之间进行索赔与反索赔，协调各方主体行为。

二、工程保证担保已成为国际工程管理惯例

美国的工程保证担保制度对世界各国建筑业的工程承发包管理产生了巨大影响，他们通过借鉴或仿效，创造并推行符合本国实际需要的工程保证担保模式和制度。如德国、英国等其他西方国家的保证担保业务大多数由银行承担，并在建设法律中对工程担保做出相应规定。日本在《建设业法》"合同的保证"中规定了预付款保证。日本的工程保证担保业务除了采用国际惯例外，承包商履约担保采用了"同业担保"方式，即"替补承包商保证担保"，这种方式是指在发包人与中标的承包商签订合同时，需要事先约定一位替补承包商作为保证人，若中标人不能履行合同，则由保证人代为履约。

除美国、英国、德国、日本外，加拿大、墨西哥、韩国等国家也专门立法，要求对公共投资项目实行强制性的担保。还有些国家虽未专门立法强制实施工程保证担保，但作为一种国际惯例，工程保证担保已被普遍接受和认可。[1] 包括欧盟在内的许多国家都在考虑对工程保证担保实施的立法工作。

世界银行、亚洲开发银行等国际银行投资机构的贷款项目强制要求实施工程保证担保，对许多国家，特别是第三世界国家在工程保证担保方面的应用和推广起到了积极的促进作用。

三、工程保证担保独具行业特色和要求

许多国际性组织和国家行业组织在制定的标准合同条件中有针对工程担保的

---

[1] 草刈耕造. 公共工程合同新履行保证制度 [M]. 邓晓梅，顾林生，黄湘露译. 北京：中国建筑工业出版社，2004.

相应条款①，如国际土木工程界"宪法"——《土木工程施工合同条件》（FIDIC 条款）的制定者——国际咨询工程师联合会（International Federation of Consulting Engineers，FIDIC）在《土木工程施工合同条件应用指南》中指出：持有保证担保书的业主不能要求保证担保人支付一笔金额，业主只能要求完成合同。② 换而言之，如果出现委托保证担保人（承包商）违约，保证担保人不是赔偿一笔钱，而是必须首先按照合同规定的质量、工期、造价等各项条件履约，从而更大程度、更全面地保护了受益人（业主）的利益，因为业主花钱买的是工程产品，而不是耗费大量精力后买回赔款。③ 因此，它是一种与其他经济责任担保性质不同、要求更高的、独具行业特色的保证担保模式。正是基于上述原因，在美国，一方面，法律禁止银行从事担保业务，提供工程担保的保证人主体只能是专业工程保证担保公司和保险公司；另一方面，工程保证担保的保函更多的是由专业化的保证担保公司出具而并非由保险公司等机构出具。《世界银行贷款项目招标文件范本》、英国土木工程师协会（Institution of Civil Engineers，ICE）制定的《新工程合同条件》（*New Engineering Contract*，④ NEC）、美国建筑师协会（The American Institute of Architects，AIA）制定的《建筑工程标准合同》（*Construction Engineering Standard Contract*）等针对工程担保做了具体规定。德国的《建筑工程合同管理条例》（*Verdingungsordnung für Bauleistung*，VOB）包括 VOB-A、VOB-B 和 VOB-C 三个组成部分，其中的 VOB-B 第 17 条就是关于工程担保的内容。⑤ 日本《建设业法》在"合同的保证"中也有关于工程担保的规定。这些规定的目的就在于强调工程保证担保人必须同时具备工程履约能力和经济责任赔偿能力，而且代为履约能力更为重要。

---

① 何伯森. 国际工程合同与合同管理 [M]. 北京：中国建筑工业出版社，1999.

② 陈宽山. 建设工程施工合同纠纷判解 [M]. 北京：法律出版社，2010.

③ Edwards L.，Lord G.，Madge P. Civil Engineering Insurance and Bonding [M]. Thomas Telford Publishing. Thomas Telford Services Ltd.，London，1996.

④ Institution of Civil Engineers. The New Engineering Contract [M]. Thomas Telford Services Ltd.，1993.

⑤ 刘捷. 对工程担保的思考 [J]. 山西财税，2006（5）.

第二节　我国工程保证担保的实践与发展

我国在长期的基本建设工作中，实行政府对建设单位的行政管理和对建筑企业的资质管理相结合的体制。在全面计划经济体制时期，依靠政府协调工程建设各方的责任权利关系；管理体制改革之后，实行建设工程招标承包合同制，为了维护业主的权益，虽然开始对承包单位要求交纳投标保证金、履约保证金的担保措施，但都还没有实行真正意义上的信用保证担保，况且业主的支付担保更为空白，以致造成拖欠工程款和三角债等严峻局面，极大地影响了行业的发展。直到20世纪80年代初，才开始研究和引进国外的工程保证担保方式。这个发展过程大致如下：

1996年，国务院颁布《质量振兴纲要》，[①] 提出要建立新型的质量保证监督机制。1997年2月，国家经贸委、建设部等部委联合举办"贯彻《质量振兴纲要》高层研讨会"，专题研究建立工程质量保证体系。会后，由建设部牵头，联合10部委共同探讨具体实施事宜。

1997年11月，建设部组织中国建筑业风险管理考察团赴美国访问，并翻译了美国工程保证担保制度的大量相关资料。1998年1月，建设部致函国家工商局，正式提出与10个部委联合组建国家长安保证担保公司。

1998年5月，建设部发出"关于一九九八年建设事业体制改革工作要点"的文件，[②] 明确提出"逐步建立健全工程索赔制度和担保制度"；"在有条件的城市，可以选择一些有条件的建设项目，进行工程质量保证担保的试点"。

1998年7月，经国家工商局注册，长安保证担保公司挂牌成立。长安保证担保公司是我国首家专业化的工程保证担保公司，它的成立标志着我国建筑市场运行机制的改革朝着国际惯例的方向迈出了第一步。1998年8月，北京市建设委员会与长安保证担保公司签订了《关于建立工程建设担保制度合作意向

---

① 黄强光. 建设工程合同纠纷司法前沿问题析解 [M]. 北京：法律出版社，2010.
② 尹忠显. 新合同法审判实务研究 [M]. 北京：人民法院出版社，2006.

书》。随后，北京市建委公布了《关于进一步加强工程招标投标管理的若干规定》，提出"逐步推行发包付款保函制和承包履约保函制，并将其纳入招标程序管理"。

1999 年，建设部《关于深化建筑市场改革的若干意见》① 提出，要将建立以工程保证担保为主要内容的工程风险管理制度作为我国今后改革政府监督管理建设活动方式、以经济手段强化工程质量管理的重要措施。同年，北京市政府颁布施行了《北京市政府投资建设项目管理暂行规定》。其中第九条规定："政府投资建设项目必须实行合同管理制。其设计、施工、采购和工程监理要依法订立合同，各类合同都要有明确的质量要求、履约担保和违约处罚条款。"② 这个文件对北京市的政府投资项目实行履约担保做出了强制性规定。这也是我国第一个以地方行政规章的形式出台的有关工程建设履约担保的规定。

2000 年初，北京市建委与长安保证担保公司联合制定了《北京市推行工程保证担保制度试点工作实施方案》，③ 提出了试行保证担保的品种，其中包括投标担保、履约担保、预付款担保，分包、材料供应的投标、履约担保和业主支付担保等。北京市建委先后批复了长安保证担保公司北京分公司组织实施的国家大剧院、中关村西区、首都博物馆新馆、北京天文馆新馆、华远房地产、万地国际村等一批试点项目。6 月，北京市建委与长安保证担保公司共同起草了《北京市工程保证担保管理办法》。④ 2000 年全国建设工作会议把实行工程保证担保制度作为"十五"期间的一项重点工作，要求该工作在"十五"期间有重大进展。

2001 年 12 月 20 日，深圳市在第三届人大常委会第 12 次会议上通过了《深圳经济特区建设工程施工招标投标条例》，⑤ 该条例对工程保证担保做了强制性的规定。2002 年 8 月，青岛市建委制定下发了《关于实行建设工程担保制度的

---

① 黄建中. 合同法总则重点疑点难点问题判解研究 [M]. 北京：人民法院出版社，2005.
② 祝铭山. 建设工程合同纠纷 [M]. 北京：中国法制出版社，2003.
③ 史尚宽. 债法各论 [M]. 北京：中国政法大学出版社，2000.
④ 白宗芹. 我国工程价款优先受偿权若干问题探析 [J]. 四川教育学院学报，2012 (3).
⑤ 王高明. 工程价款优先受偿权预告登记之构想 [J]. 法制与社会，2009 (12).

意见》，① 计划用三年时间在全市所有新建、改建、扩建的工程中全部实行工程保证担保制度，标志着工程保证担保制度在青岛市正式实施。此外，上海、天津等省市积极与长安保证担保公司合作，共同制定工程保证担保的相关管理法规。2003 年 1 月 1 日起，深圳市建设局颁布的深建市场〔2002〕36 号文件② 《深圳市建设工程担保实施办法》施行，这是广东省第一个以地方法规的形式出台的工程保证担保规定。

2003 年 3 月 11 日，建设部印发了《2003 年整顿和规范建筑市场秩序工作安排》，提出了各地应积极在房地产开发项目上推行工程担保制度，重点是要在房地产开发企业中强制推行业主工程款支付担保和承包商履约担保，通过市场信用约束机制，推动解决拖欠工程款和农民工工资等问题。

第三节　我国工程保证担保的理论研究

大量文献资料显示，国外对于工程保证担保可以说制度方面成熟，理论研究相对薄弱。③ 这是因为工程保证担保制度的确立和推广，比其所依赖的经济学理论基础的建立要早近百年。也就是说，工程保证担保制度是在发达国家工程管理实践中形成的一种制度安排，这主要是通过实践的摸索和总结，不断完善相关的法律法规和政策，从而形成一套规范的面向工程承发包活动和合同履行过程进行保证担保的模式。对建设工程保证担保机制的研究，所涉及的理论基础是经济学中的委托代理理论，以及非对称信息的博弈理论。然而，这两个现代经济学分析方法是在 20 世纪 60 年代才开始得以形成与发展，到 20 世纪 80 年代中后期才得以完善并逐渐受到经济理论界与决策界的普遍关注。1994 年和 2001 年的两届诺贝尔经济学奖都授予在博弈理论与不完全信息经济学方面有杰出贡献的学者，但他们对建设工程保证担保机制的理论研究涉及甚少。④

---

①② 汪辉. 构建工程担保安全网的关键要素研究 [D]. 清华大学博士学位论文，2015.

③　吴福良，仲伟周. 建设工程担保理论及其应用 [J]. 西安财经学院学报，2003，16 (2).

④　李晓春. 工程款拖欠引发的法律思考 [J]. 佛山科学技术学院学报 (社会科学版)，2005 (1).

国内的情况与此不同，在建筑业改革开放、经济转轨和加入 WTO 的过程中，在建设工程招标承包合同制的实施中，引入国外工程保证担保模式成为推动建筑业发展和提高工程管理水平的迫切要求。与此同时，在工程界和学术界也开始展开相关理论研究。主要研究内容和成果涉及我国建立工程保证担保的构想、保证担保的机理及运行机制、工程保证担保合同及其法律特征等诸多方面，简要综述如下：

一、关于建立我国工程保证担保制度的研究

（一）工程担保制度是防范工程风险的理想措施

建设工程具有投资大、周期长、参与方多等特点，从筹划、设计、建造到竣工投入使用，都存在着诸多的风险，信用风险是其中之一。业主能否按期支付工程款、承包商能否按质如期完工，均是不确定的。[1] 工程担保制度就是用信用保证机制来规范工程市场行为。[2] 实行该制度的发达国家和地区实践验证了该项制度防范工程建设参与方信用风险的有效性。

建立工程担保制度，由担保机构对被保证人的资质等级、工作业绩、企业信誉、履约记录、技术水平、管理能力、财务状况等严格把关。建设工程保证担保制度能够多敝到消除发包人与承包人之间信息不对称的机理，在于在保证担保中委托人（买方）对代理人（卖方）能否履约缺乏足够的信息，但其可以充分信任保证人。保证人之所以敢于对代理人给予担保，是基于对代理人覆约能力有深入的了解，可以认为委托人与保证人之间是信息对称的。工程担保公司对要求投保的承包人有很多的要求，人们可以认为保证人与被保证人之间的信息是对称的，保证担保有效地解决了合同双方的信息不对称，使建设合同得以正常覆行。

---

① 《在我国建立工程风险管理制度研究》课题组. 建设领域应大力推行工程担保与工程保险制度——对我国建立工程风险管理制度的研究 [J]. 建筑, 2003（9）.

② 向为民. 建立完善工程担保制度探讨 [J]. 重庆工学院学报, 2005, 19（1）.

作为保证人向被保证人出具银行保函的前提条件，被保证人在该银行必须用有足够的存款或向银行提供了反担保，银行作为保证人无任何风险，无需对被保证人的履约能力进行深入了解。

拖欠承包商工程款现象是由于我国目前缺乏一套有效的保证体系或风险转移制度来约束业主的行为导致的。① 因此，基于我国近年来工程建设领域业主拖欠工程款现象凸显的情况，建议在工程建设中实行业主（项目法人）支付保证担保，当业主不按合同规定支付工程款，就将由保证人代向承包商履行支付责任，从而保护承包商合法权益。②

借鉴国际工程建设经验可知，对于建设领域诸如拖欠工程款、工期拖延、报价无序、施工企业资本金不足等陋习，只靠法律保护尚不能保证合同的切实履行，建立和推行建设项目风险管理、信用担保，是当前防范工程风险的主要措施，也是建筑市场行为管理体制的重要手段。③ 只有结合法律、经济、行政多种手段，在现阶段提高工程风险意识，加强工程风险管理，建立适应国情的信用担保制度才能解决上述诸多问题。④ 通常采用提供经济担保、提供各种保证金的经济防范措施，降低工程风险因素，从而使工程建设项目按期完成，实现最终的经济目标。⑤

目前，应该对建筑市场管理模式进行新的尝试来构筑对建筑市场的规范管理。比较而言，工程担保制度应是一种较理想的模式。建立工程担保制度，通过行之有效的利益制约和信用保障机制，来根除建筑市场的顽疾，确保工程建设规范运作，对促进民族建筑业的振兴和发展、提高建筑市场科学管理水平、应对加入 WTO 后的竞争和挑战具有积极而广泛的意义。

工程保证担保的作用及其如此重要的原因体现在保证履约上。即工程保证担保首要的，也是对整个建筑行业最有益的作用就是保证履约，即保证重于担保。英文中使用"surety bond"表示。可理解为义务人首先保证办到，并为此提供担

---

① 王卫东. 试论建设项目资金支付信用担保的必要性及可行性 [J]. 建筑，2004 (5).
② 印朝富. 支付担保——解决工资拖欠的探索与实践 [J]. 建筑，2003 (1).
③ 丁士昭. 工业发达国家工程合同管理及风险管理 [J]. 建筑，2001 (12).
④ 雷胜强. 国际工程风险管理与保险 [M]. 北京：中国建筑工业出版社，1996.
⑤ 沈志军. 对建设工程履约、支付信用担保的探索 [J]. 建筑，2002 (5).

保（Surety bonds are contracts guaranteeing that specific obligations will be fulfilled[①]）。在中文中，"保证"与"担保"既有联系也有区别。"担保"作为法律术语，有"保证、抵押、质押、留置和定金"等几种形式，但"保证"的含义不仅仅是"具有赔偿意义的连带经济责任"，而且还有"保证做到、保证履行"[②]等诸多方面，严格区分于纯粹的"你不履约，我来赔偿"的债权债务的"担保"。正因如此，在美国，工程保证担保的保函一般由专业化的保证担保公司出具而非银行出具。

工程保证担保是根据建设工程项目实施的不同需要而设计的各种保证担保方式或模式的总称，如投标保证、履约担保、支付担保等，涉及三方或四方主体。图 2-1 展示了由这些主体构成的建设工程合同责任与风险的连带关系链。

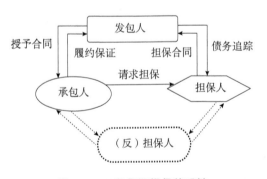

图 2-1　工程保证担保关系链

（二）保证担保主体及保证人履约条件

1. 保证主体之间的法律关系

保证担保在经济活动领域的应用十分广泛。在我国的《担保法》《民法通

---

① Akenhead Q. C. Bonds and Guarantees [J]. Proceeding of Insolvency in the Construction Industry, 1992 (1).

② 吕疆红. 美国工程保证担保制度的经验与借鉴 [J]. 长沙航空职业技术学院学报, 2003 (3).

则》和《合同法》中对它的性质、保证担保关系、各方责任义务等已有相关的规定。我国《担保法》总则第二条规定："本法规定的担保方式为保证、抵押、质押、留置和定金。"此条明确将保证界定为担保的一种。

保证是人的担保，其他四种担保方式均属于物的担保。我国《担保法》第六条规定："本法所称保证，是指保证人和债权人约定，当债务人不履行债务时，保证人按照约定履行债务或者承担责任的行为。"保证涉及保证人、债权人、债务人三方当事人，他们之间的法律关系如图 2-2 所示。

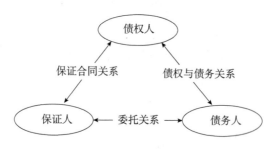

图 2-2　保证模式主体间的法律关系

2. 保证人履行责任的条件

保证定义明确了保证人履行责任的条件，"当债务人不履行债务时，保证人按照约定履行债务或者承担责任"，即只有在债务人不履行债务时，保证人"履行债务或者承担责任"的义务才能成立。

《民法通则》第八十九条第一项规定："保证人向债权人保证债务人履行债务，债务人不履行债务的，按照约定由保证人履行或者承担连带责任。"

《合同法》第十五条规定："经济合同当事人一方要求保证的，可由保证人担保。被保证的当事人不履行合同的，按照担保约定由保证人履行或者承担连带责任。"

《民法通则》以及《经济合同法》用不同的表述传达了同样的概念，即在债务人不履行债务时，由保证人履行或者承担连带责任。

《民法通则》又规定了保证人的权利："保证人履行债务后，有权向债务人追偿。"

（三） 基于法律属性的保证担保分类研究

工程保证担保是一项国际上通行的制度，发挥着举足轻重的作用。工程保证担保制度涉及诸多法律问题，只有建立充足的法律保障，[①] 才能避免在施行过程中处处受阻，并在实践中发挥作用。在法律方面，工程保证担保应该具有自身所必需的地位。

近年来，我国很多部门立法都无法跟上社会经济的发展，显得滞后。尤其是针对工程保证担保施行出现的问题，虽然法律上尚不至于一片空白，但确实存在较大的欠缺。我国要全面建立工程保证担保制度，就必须针对这些问题，从法理与适用角度认真地加以明确和解决。

1. 典型担保和非典型担保

根据法律规定程度的不同，担保可分为典型担保和非典型担保。

典型担保是指法律上明确规定的担保方式。我国《担保法》第二条规定，本法律规定的担保方式为保证、抵押、质押、留置和定金。由此可见，保证、抵押、质押、留置和定金均属于典型的担保方式。[②] 工程保证担保是保证方式的担保，属于典型担保。

非典型担保是指虽有一定的担保作用，但在法律上并未明确规定的担保方式，如违约金确实有保障合同履行的担保作用，但设定违约金的根本目的并不在于担保债权，而是针对违约行为采取的一种惩罚措施，同时兼有赔偿作用。因此，法律上将违约金定为一种民事责任承担方式，而不是一种典型的担保方式。保留金也具有担保的作用，作为履约保证的一种补充，相当于一种质量责任留置担保，它也属于非典型担保。同样地，保证金也属于非典型的担保方式。

---

① 古莉 . 关于实施工程担保制度的体会和建议 [J]. 工程建设与设计，2003 (11).

② 孟宪海 . 典型担保方式在建设工程中的应用及其法律区别 [J]. 建筑经济，2001 (4).

2. 人的担保和物的担保

根据担保标的不同，担保可分为人的担保和物的担保。

人的担保又称信用担保，是指债务人通过第三人，即保证人的信用向债权人提供的担保。我国《担保法》第六条规定，本法所称保证，是指保证人和债权人约定，当债务人不履行债务时，保证人按照约定履行债务或者承担责任的行为。保证担保是我国《担保法》规定的五种担保方式中唯一的人的担保。在人的担保中，涉及债权人、债务人和保证人三方关系。在工程建设领域，承包商、业主、保证人构成三方关系。

物的担保又称财产担保，是指债务人通过自身的有形或无形财产，向债权人提供的担保。如果债务人不履行其债务，债权人通过处分担保财产并从中优先受偿。物的担保只涉及债权人和债务人双方关系，并不涉及第三方。物的担保又可以分为不转移占有权的物的担保（抵押）[①] 和转移占有权的物的担保（包括质押、留置和定金）。

在工程建设中，申请人申请保证担保，担保人提供保证担保，实质上是一个信用交易过程。申请人用自己的小信用换得担保银行的大信用，并以此向受益人担保自己义务的履行。工程保证担保制度就是用信用机制去规范市场行为，强化守信、守约，同样也是人的担保。

3. 约定担保和法定担保

以担保发生的根据为标准，担保可分为约定担保和法定担保。

约定担保是指完全由当事人双方面自行约定，自愿设立的担保。无论是担保的方式、担保的条件和担保的范围，还是担保权的行使，全部由当事人双方自行约定。保证、抵押、质押及定金等担保均可以用于约定担保。

法定担保是指依据法律规定而直接发生的，无须当事人约定设立，只要符合法律规定的条件即可成立的担保方式。法定担保以留置为代表。关于留置权的成立条件是由法律直接规定的，并非当事人自行约定的，因此留置权被称为法定担

---

① 易军. 论法定担保物权体系中的承包人法定抵押权判解研究 [M]. 北京：人民法院出版社，2003.

保物权。

工程保证担保制度的推行，并不能由市场主体自行采用，[①] 而必须由政府制定法律法规，强制推行。在此情况下，工程保证担保就成为法定担保。

二、关于工程保证担保机理与运作机制的研究

《担保法》第三十一条规定：保证人承担保证责任后，有权向债务人追偿。因此，对于担保人而言，对业主或承包商进行赔偿后，将就其赔偿的损失向承包商或者业主进行追偿以保障自身利益。即当担保人履行应当承担的保证责任后，担保人拥有向承包商或建设项目业主追偿超出反担保额度的损失。并且根据《担保法》第三十二条规定：人民法院受理债务人破产案件后，债权人未申报债权的，保证人可以参加破产财产分配，预先行使追偿权。因此，如果由于承包商或建设项目业主违约导致破产清算，担保人可以对承包商或建设项目业主的财产进行清算前的优先追偿权。

表面上，被担保人通过工程保证担保将不履约的后果责任转嫁给了担保机构，但实质上，并没有使自己完全脱离风险，只是把应该由自己承担的风险"暂存"在保证担保人处，一旦违约，最终承担违约责任的仍然是被保证人自己。保证担保的安排有利于被担保人加强合同意识，在主观上消除不认真履约的动机，促进其履约积极性。[②]

引进工程担保这种全新的经济手段，有利于强化建设各方的风险意识，使各方对自己的市场行为造成的后果所负的责任更加清晰化、价值化、数量化。[③] 建筑市场主体各方在自身利益的驱动下，必然提高合同意识，强化责任落实。[④]

工程保证担保品种或类型的多样性，与建设工程项目实施的分阶段性以及多

---

① 陈瑜，李知谕. 在工程建设领域推行工程保证担保制度的探讨 [J]. 国外建材科技，2006 (2).

② 王雪青. 国际工程项目管理 [M]. 北京：中国工业建筑出版社，2000.

③ Xianhai Meng. Guarantees for Contractor's Performance and Owner's Payment in China [J]. Journal of Construction Engineering and Management，2002 (6).

④ 李艾. 支付担保刻不容缓 [J]. 基建优化，2004 (6).

方参与主体责任关系构建方式有关，总的目的在于保证主体行为的规范和合同的安全。① 其主要作用一般被理解成对工程合同履行的保证担保，但建设工程承发包合同双方的义务及风险不仅存在于合同的履行阶段，也存在于合同订立前和订立阶段，如投标担保、承包担保等。用双务合同启动原理解释，即在合同订立阶段，业主将工程承包权授予承包商并拨付工程预付款或开办费，这意味着业主的项目风险投资决策已经为承包商的生产经营提供了一个创造价值和收益的机遇，实质上也是一种"先予给付"，从而，必然要求承包商对履约行为做出相应的保证，这就是履约担保的基本出发点。一旦工程合同签订，首先由承包商启动工程，投入生产要素，按照先施工后结算的惯例，承包商对其先予给付的劳动，即活劳动和物化劳动的管理，理所当然地要求业主向其提供相应的支付担保。因此，在整个建设工程项目实施过程中，工程保证担保对于保证双方当事人的行为规范、合同安全和降低风险都起到重要的作用。②

理论上，担保关系与信贷和保险不同，因为这是针对担保人及其自身信用使合同义务人得到合同的中介服务。担保人并不应承担损失，因为应由义务人对建设项目风险进行全面的控制。因此，担保人的收益相对较低，按现行国内工程担保行业的收费标准，为担保额的 2%–3%，因此工程担保费是服务收费的一种。

保证担保关系使原来简单的两方关系变成了三方关系，成为一种"金三角关系"，③ 三方在某个目的上是一致的。原来开发商和承包商之间签订合同，是利益的再分配，也是风险的再转移，从利益角度来讲，是对立关系。但是通过保证担保的介入后，由于三角关系的存在，不赔付成为一致目的：承包商不愿意赔，其承揽工程的目的是获得利润；开发商希望使目标工程项目发挥更大的潜在价值而不是收到赔付；保证担保公司也不愿意赔，赔偿不仅证明管理没有到位，还可能遭受经济损失。这样，三方就都会尽力避免索赔事件的发生。

市场经济是建立在人的自利这一本能基础上的。市场行为主体都存在利己行为决策的潜在激励，即具有追求自身利益的动机和避免损失的自我约束，也即趋

---

① 程伟，孙玉. 美国工程保证担保制度发展及借鉴 [J]. 施工企业管理，2005 (5).

② 吴福良，仲伟周. 建设工程担保理论及其应用 [J]. 西安财经学院学报，2003 (2).

③ 李小轶. 工程保证担保化解开发风险 [J]. 经济参考报，2005 (4).

利避害。如果涉及执行合同的信息在合同双方间是对称分布的，则这种潜在的激励不会变成现实，当涉及执行合同的信息在合同双方间是不对称的，这种潜在激励就变为现实。① 信息不对称在委托—代理关系中是必然存在的现象。业主与承包商之间，在涉及工程建设施工及相互企业间信息等方面相对优势的不同，决定了两者间的信息不对称。如果没有约束，合同当事人的某一方可能隐藏自己的私有信息，或提供不真实的信息，以谋求增加自己的利益，不顾或损害另一方利益。签订合约后，承包商和业主间的道德风险就会凸显出来。

如承包商方面可能存在的道德风险主要表现为：擅自改变工程款的专项用途；采取消极怠慢态度，无故不按合约工期完工；偷工减料，以次充好，达不到合同约定的质量要求；隐瞒实情，高估冒算，造成投资失控与严重超支；等等。

业主方面主要表现为拖欠承包商工程款、材料设备款，造成对方企业因资金周转困难陷入困境。

市场经济是信用经济，但我国目前尚无评定企业资信等级的机构和统一的行业资信标准。② 从工程建设施工角度讲，一方面，缺乏完善的信用体系和道德体系，建设项目业主无法正确判断施工企业的信用状况，选择满意的合作承包商；另一方面，履约记录良好的施工企业也无法让建设项目业主了解自己的履约记录，削弱了信用对企业价值的重要性。由于资信评定标准和机构的缺失，履约记录差的承包商可以隐藏不良记录，得以蒙混过关，继续承揽业务，而一向履约记录良好的承包商则无法从良好的信誉中获益。从业主支付工程款的角度分析，可以得到类似的结论。施工企业无法事先准确了解建设项目业主是否会及时支付工程款并有足够的资金实力完成全部工程建设，在这样的猜测下，施工企业在工程建设中难免有所保留；业主也无法让承包商了解自己有这样的经济实力，令承包商积极施工。工程保证担保利用第三方信誉防范承发包双方信用风险，实行该项制度有利于改善建设工程承发包方对信用认识不足的状况，将信用与企业实际利益维系起来，从而促使承发包双方在建设活动中都更珍惜信誉，积极履约。

保证担保是一种有效的信用工具。保证人作为市场交易的第三方，之所以成

---

① 靖继鹏. 应用信息经济学（第二版）[M]. 北京：科学出版社，2007.
② 中国投资担保有限公司. 2006 中国担保论坛 [M]. 北京：经济科学出版社，2007.

为一种需要，是因为债权人对于了解债务人履行合同义务的能力处于信息不对称状态。① 保证过程是一种信用，有信誉的保证担保机构通过专业方式、途径来掌握被保证人的履约能力以及支付能力等综合信息，充当业主与承包商的信息沟通、评估渠道。相对而言，业主与保证担保机构是信息对称的，保证担保机构与承包商是信息对称的，保证担保机构是交易双方的信息沟通工具。

保证担保作为一种信用工具，不能以严格反担保措施作为保证人风险规避的手段，否则不能为市场所接受。保证担保这一信用工具为市场所接受的条件是：保证担保主体作为第三方的加入必须使总的市场交易成本得以降低。交易成本降低的原因是：受益人获取保证人交易信用信息的成本大大低于他直接获取被担保人信息的成本，而保证人获取被担保人交易信用的信息的成本也低于受益人直接获取被担保人信息的成本。所以，市场对保证人的资格和信用有着较高的要求。担保人必须是金融机构，这不仅是因为市场要求担保人必须具有充足的资金来保障自己的清偿能力，而且由于金融机构的信用是整个社会信用体系的基石，② 金融机构的交易信用由国家通过严格的金融监管体系加以保障，这就使受益人在接收保函时一般无须对保证人的交易信用做特别的考察，只有这样，才能使保证担保机制引入后降低整个市场的交易费用。

三、关于工程保证担保合同与法律特征的研究

（一）工程保证担保合同的内容

保证担保合同是指保证人与主合同债权人订立的，在主合同债务人不履行债务时，由保证人承担保证债务的协议。《担保法》第十五条规定了保证担保合同的内容，包括：被保证的主债权的种类、数额；债务人履行债务的期限；保证的方式；保证担保的范围；保证的期间；双方认为需要约定的其他事项。

---

① 孟庆福．信用风险管理 [M]．北京：经济科学出版社，2006．
② 赵晓菊，柳永明．金融机构信用管理 [M]．北京：中国方正出版社，2006．

工程保证担保合同是承发包双方签订的施工合同的从合同，当施工合同的一方不履行应有义务时，由保证人代为履行或者承担相应的责任，因此，工程保证担保合同属于保证担保合同的一个子类别，同样由上述主要内容构成。

（二）工程保证担保合同的法律特征

法律界从专业角度研究了工程保证担保合同的主要法律特征[①]：

1. 工程保证担保合同是单务、无偿合同

在工程保证担保合同中，只有保证人承担保证债务，债权人不负对等给付义务。虽然建设工程合同债务人要付给保证担保人保费，但其不是建设工程保证合同的当事人，故并不影响保证合同单务、无偿的性质。

2. 工程保证担保合同是诺成合同

工程保证担保合同的成立只需保证人和债权人就保证债务问题协商一致，无须交付标的物或完成其他给付行为，所以为诺成合同。

3. 工程保证担保合同是要式合同

我国《担保法》第十三条规定："保证人与债权人应当以书面形式订立保证合同。"即保证合同的形式为书面形式。《担保法》第九十三条规定：保证合同包括当事人之间具有担保性质的信函、传真等，也可以是合同中的担保条款。建设工程保证应以书面形式订立。在我国司法实践中，书面形式多种多样，概括起来主要有以下三种：

（1）保证人与债权人签订的书面保证合同。

（2）保证人与债权人、主债务人共同签订的书面合同。保证人在债权人与被保证人签订的订有保证条款的主合同上，以保证人的身份签字或者盖章，或者主合同中虽没有保证条款，但保证人在主合同上以保证人的身份签字或者

---

① 本书编委会. 工程担保合同示范文本 [M]. 沈阳：辽宁电子出版社，2006.

盖章。

（3）保证人单独出具保证书，并在保证书中表示当被保证人不履行债务时，由其代为履行或者承担保证责任。该保证书如交付给债权人并被债权人接受（无论是明示还是默示），就成为保证合同的书面形式。

4. 工程保证担保合同是从合同

建设工程合同为债权人与债务人之间订立的主合同，不依赖于其他合同而独立存在；工程保证担保合同是债权人与债务人或第三人之间订立的担保债权实现的合同。工程保证担保合同是以建设工程合同的存在为前提和根据的，建设工程合同无效，工程保证担保合同也无效。因此，工程保证担保合同是附属于建设工程合同的从合同。

5. 工程保证担保合同的责任有效期

工程保证担保合同一般应规定担保责任的有效期。债权人必须在规定的期限内向担保人提出承担责任，否则担保人可不承担责任。有效期规定一般有两种：一种是规定在某一具体日期到期后无效；另一种是规定在某一具体事件发生后的某一具体时间到期，譬如工程师签发竣工证明之后的六个月。有效期的规定不能使用意义含糊的词语，以免引起误解。根据国际商会第 325 号出版物《合同担保统一规则》（*Uniform Rules for Contract Guarantees*，URCG325）规定，如果保函未注明失效期，则有效期被认为是：

（1）投标保函：自保函开立后 6 个月。

（2）履约保函：临时验收日或任何展延终止日后 6 个月。

（3）预付款保函：临时验收日或任何展延终止日后 6 个月。

（4）如果逾期日为非营业日，则顺延至下一个营业日。

第三章 工程保证担保的经济学分析

对工程保证担保机制的理论分析，依赖经济学的两个基本理论：

(1) 建立在委托代理关系上的博弈理论；

(2) 不完全信息经济学（或非对称信息经济学）。

第一节 信息不对称、逆向选择模型及道德风险分析基础

一、信息不对称现象产生的原因

在涉及信用的交易活动中，行为主体至少包括受信双方当事人，通常构成具体的委托—代理关系。一般情况下，信用市场中受信主体所掌握的信息资源往往不同，① 受信主体对自己的经营状况及风险配置等情况有比较清楚的认识，而授信主体则较难获得这方面的真实信息，两者间信息不对称。

主、客观方面的原因都会引起信息不对称，不同条件下的信息不对称各有不同，但只存在显著与否的差异，而不存在有无的问题。即在市场交易中，只要存

---

① Frederic S. Mishkin. The Next Great Globalization—How Disadvantaged Nations Can Harness Their Financial Systems to Get Rich [M]. Princeton University Press, 2008.

在交易双方，就一定会产生信息不对称。① 经济学假定市场经济主体都是理性人，他们要用最小的成本获取最大的利益或利润，这在主观方面为信息不对称的产生奠定了基础。不同的经济个体所获信息的多少和质量，在很大程度上取决于他们各自获取信息的能力。即经济个体获取信息能力的不对称性是信息不对称产生的主观原因。

信息不对称的客观原因是多种多样的。由于各方面的限制或者条件的差异，经济个体获取信息的多少与多种社会因素有关，其中社会劳动分工和专业化是最为重要的社会因素。随着社会分工的发展和专业化程度的提高，行业专业人员与非专业人员之间的信息差别越来越大，社会成员之间的信息分布将越来越不对称。因此，信息不对称在当今商品社会是广泛、客观存在的。

信息经济学认为，在市场交易中，由于交易双方存在信息不对称，会产生两种不可避免的现象：逆向选择（Adverse Selection）和道德风险（Moral Nazard）。

二、逆向选择经济分析基础

阿克劳夫（Akerlof，1970）的旧车市场模型（Lemons Model）奠定了逆向选择理论的基础。② 在旧车市场上，逆向选择问题来自买者和卖者有关车的质量信息的不对称。③ 卖者知道车的真实质量；买者不知道，只知道车的质量分布，因而，只愿意根据平均质量支付价格。④ 如此一来，质量高于平均水平的卖者就会退出交易，只有质量低的卖者进入市场。结果，市场上出售的旧车的质量下降，买者愿意支付的价格进一步下降，于是，更多的较高质量的车退出市场，如此等等。⑤

简单概括阿克劳夫的旧车市场模型如下：

---

① 潘天群. 博弈生存：社会现象的博弈论解读 [M]. 北京：中央编译出版社，2004.

② Robert H. Frank, Ben S. Bernanke. Principles of Microeconomics (Second Edition) [M]. Donbei University of Finance & Economics Press, 2006.

③ Heyne P. The Economic Eay of Thinking [M]. Englewood Cliffs, NJ：Prentice Hall, 1994.

④ Hollis M. Trust within Reason [M]. New York：Cambridge University Press, 1998.

⑤ Klein D. Assurance and Trust in a Great Society [M]. The Foundation for Economic Education, 2000.

（1）有多个潜在卖者和多个潜在买者；

（2）卖者知道出售的车的真实质量 θ，买者不知道 θ，只知道 θ 的分布函数 F(θ)；

（3）买者出价 P，卖者决定接受或不接受。

（一）如果接受

买者从质量为 θ 的车中得到的总效用为 V(θ)，支付的价格为 P，因而净效用为 $\pi_B = V(\theta) - P$；卖者从出售旧车中得到的货币收入为 P，失掉车的效用损失为 U(θ)，因而净效用为 $\pi_S = P - U(\theta)$。

其中，V(θ) 可视作买者的评价；U(θ) 可视作卖者的评价；$\partial V / \partial \theta > 0$，$\partial U / \partial \theta > 0$，并且假定 V(θ) ≥ U(θ)（否则交易无意义）。

（二）如果不接受

买卖双方的效用均为零。

三、道德风险经济分析基础

纳什于 1950-1951 年发表了两篇论文，从非常一般的意义上定义了非合作博弈及其均衡解，并证明了均衡解的存在。纳什所定义的均衡被称为"纳什均衡"，是经济学中的专家术语。

纳什均衡——假设有 n 个人参与博弈，给定其他人战略的条件下，每个人选择自己的最优战略（个人最优战略可能依赖于也可能不依赖于其他人的战略），所有参与人选择的战略一起构成一个战略组合（Strategy Profile）。纳什均衡是由所有参与人的最优战略组成的一种战略组合，即给定别人战略的情况下，没有任何单个参与人有积极性选择其他战略，从而没有任何人有积极性打破这种均衡。

从另一个角度来理解纳什均衡,假设博弈中的所有参与人事先达成一项协议,规定出每个人的行为规则,在没有外在的强制力约束的情况下,[①] 当事人只有在这个协议构成一个纳什均衡的情况下才会自觉遵守这个协议。即给定别人遵守协议的情况下,没有人有积极性偏离协议规定的自己的行为规则。换而言之,如果一个协议不构成纳什均衡,它就不可能自动实施,[②] 因为至少有一个参与人会违背这个协议,不满足纳什均衡要求的协议是没有意义的,这就是纳什均衡的哲学思想。

第二节　建设工程合同订立前之逆向选择分析

排除不可抗力的因素,承包商能否在预算内按时保质完成工程项目建设、建设项目业主是否及时支付工程款项,取决于承包商和业主的信用。

业主与承包商之间信息不对称,对于工程建设中的不同事项处于不同的授信和受信地位。

从建设工程施工质量和成本角度,承包商掌握工程建设施工的详细内容、建设施工的实际成本以及企业自身的内部管理成本,拥有业主无法了解的私人信息,因而,承包商处于信息优势地位,为受信方;业主处于信息劣势地位,为授信方。

从工程款支付角度,合同中有关及时付款等条款,业主对自己拥有的资金数量、筹资渠道、款项到位情况及投资风险配置等情况有比较清楚的认识,承包商难以了解上述情况,因此,业主为受信方,承包商为授信方。

在信用合约签订之前,非对称信息将导致信用市场中的逆向选择。[③]

---

① Zhao Ziang. The Integration and Construction of the Commercial Guarantee System from the Perspective of the Civil Code [J]. Henan Social Sciences, 2018, 26 (12): 34-39.

② 张维迎. 博弈论与信息经济学 [M]. 上海: 上海人民出版社, 1996.

③ 吴晶妹. 信用管理概论 [M]. 上海: 上海财经大学出版社, 2005.

一、逆向选择导致承包商履约率下降

业主委托承包商建造某工程项目，从建设工程施工质量和成本角度，业主难以了解工程建设项目以及承包商自身的私人信息，因而，业主为授信方，承包商为受信方。

下文将借鉴阿克劳夫的旧车市场模型（见第一节第二部分）研究市场上承包商履约概率的走向。

某建设工程承包商的履约概率为 θ，这一点只有承包商自己知道，业主并不知道 θ 的确切值，只知道建筑市场上承包商履约概率 θ 的密度函数 F(θ)；由于建筑市场上承包商并非只有绝对履约和绝对不履约两种极端，因此考虑承包商履约概率 θ 连续分布。假定 θ 在 [a，b]（0≤a<b≤1）区间上均匀分布，则密度函数：

$$F(\theta) = 1/(b-a) \tag{3.1}$$

（一）承包商与业主信息对称的情况

对于某个工程项目，市场公允要价（包括承包商的建造成本和行业平均利润）为 c，业主能接受的最高价格（或理解为不同承包商愿意承揽工程的最低价格）为：

$$P(\theta) = c\theta \tag{3.2}$$

注意到 $\partial P/\partial\theta>0$ 可解释为履约率较高的承包商要价相对高，履约意愿较弱的承包商愿意以较低的价格承揽工程，因为他或许在最初就预计到无法提供足够的人力机械按期完工，或者打算偷工减料缩减成本。不仅如此，过低的要价很可能导致其日后出现资金困难，从而进一步增加其违约的可能性。而守诚信的承包商投标报价时已做了充足的预计，制订切实可行的工程计划，能够合理调度充足的人力机械台班准备，在履行施工合同过程中，得以按计划开展工程建设并保证质量，因此，他们不愿意以过低的价格承揽工程。

业主所得的期望值 $V(\theta)$ 取决于建成后的物业售价、承包商要价以及承包商履约概率的共同影响。假设，建成后的物业可售 2c 或者说对业主的效用为 2c，那么，对于履约概率为 θ 的承包商，业主所得的期望值：

$$V(\theta) = \theta \times (2c - P(\theta)) = \theta \times (2c - c\theta) \tag{3.3}$$

注意到当 $\theta \in [a, b]$ 时 $\partial V / \partial \theta \geqslant 0$，可解释为虽然履约率越高的承包商要价 [即 $P(\theta)$] 越高，但也正是因为其较高的履约率，使业主所得的期望值反而越大。

显然，如果业主能预先确切知道承包商的履约概率，他自然愿意选择 θ 高的承包商，虽然 θ 高的承包商要价高。

（二）信息不对称，业主对承包商平均履约率的估计等于实际

在一个承包商鱼龙混杂的市场，业主难以在事前设计一套机制来甄别承包商的经营状况、履约能力、目前其他在建工程规模及其对本项目可投入的人力和机械台班等真实情况，换而言之，业主在选择承包商时不能确切获知承包商真实的履约概率 θ，只知道市场上履约率 $\theta \in [a, b]$ 的承包商都存在，那么业主能接受的最高价格取决于市场上承包商的平均履约率 $\bar{\theta}$，即：

$$P = c\bar{\theta} \tag{3.4}$$

此时，市场上业主的平均履约率为：

$$\bar{\theta} = \frac{\int_a^{P/c} F(\theta)\theta d\theta}{\int_a^{P/c} F(\theta) d\theta} = \frac{\frac{1}{b-a} \int_a^{P/c} \theta d\theta}{\frac{1}{b-a} \int_a^{P/c} d\theta} = \frac{P/c + a}{2} = \frac{a}{2} + \frac{P}{2c} \tag{3.5}$$

上述承包商平均履约率曲线意味着尽管建筑市场上承包商平均履约率随着成交价格的上升而上升，但承包商平均履约率的上升幅度小于 P 的上升幅度（这里等于 $\frac{1}{2c}$）。

联立式（3.4）与式（3.5）得上例的均衡解 $(\bar{\theta}^*, P^*) = (a, ac)$，只有

履约率最低（即 a）的承包商以最低的价格与业主进行交易。

（三）信息不对称，业主对承包商平均履约率估计偏高

如果在签订合约之前，业主已明确知道某承包商会违约，那么业主不会与之签订施工合同［分析过程见（一）］。换而言之，只有在预计承包商会履约，或至少履约的可能性较大的情况下，业主才会与之签订合同；现实结果是承包商拖延工期、虚报成本、擅自降低施工标准的现象屡见不鲜。这是因为一般说来，在签约前，承包商往往只展现自己良好的施工记录，如综合实力强，施工经验丰富，令业主相信其能够完全履约，但在实际建设进程中，由于成本失控或人力机械不充足等原因，以至于消极怠工。因此，一般而言，业主在签约前对承包商的履约概率的估计略高于承包商实际履约率。假定业主对承包商履约率估计为 $m\theta$（$m \geqslant 1$）。

在此情况下，履约概率为 θ 的承包商心理价格仍为：

$$P(\theta) = c\theta \tag{3.6}$$

业主能接受的价格为：

$$P^m(\theta) = cm\theta \qquad (m\theta \leqslant b) \tag{3.7}$$

由于 $P(\theta) < P^m(\theta)$，即业主的心理价格高于承包商能接受的价格，交易带来的净剩余为：

$$(m-1)c\theta \tag{3.8}$$

该净剩余的分配由业主和承包商讨价还价决定。由于建筑市场上业主数量严格少于承包商数量，从而业主占有全部剩余。

当业主不能确切获知承包商的履约概率 θ 时，而市场上 $\theta \in [a, b]$ 的承包商都存在，则业主能接受的最高价格取决于市场上承包商的平均履约率 $\bar{\theta}$，即：

$$\bar{P} = cm\bar{\theta} \tag{3.9}$$

承包商的心理价格不变，所以市场上承包商的平均履约率不变：

$$\bar{\theta} = \frac{a}{2} + \frac{\bar{P}}{2c} \tag{3.10}$$

联立式（3.9）和式（3.10）得上例的均衡解：

$$\bar{\theta}^* = \min\left\{\frac{a}{2-m}, \frac{a+b}{2}\right\}; \tag{3.11}$$

$$P^* = \frac{acm}{2-m}\ (\text{当}\ m \leqslant \frac{2b}{a+b}, \text{否则}\ P^* = \frac{a+b}{2}mc) \tag{3.12}$$

由上述计算结果可知：承包商均衡履约率是 m 的非递减函数，均衡价格是 m 的非递减函数，也就是说，业主对承包商履约率的估计与实际差异越大，均衡价格就越高，交易量就越大。比如说（假设 $1.5 < \frac{2b}{a+b}$），

m=1.2 时，$\bar{\theta}$=1.25a，P=1.5ac，履约率 θ≤1.5a 的承包商进行交易，θ>1.5a 的承包商退出市场；

m=1.5 时，$\bar{\theta}$=2a，P=3ac，履约率 θ≤3a 的承包商进行交易，θ>3a 的承包商退出市场；

极端地，当 $m \geqslant \frac{2b}{a+b}$ 时，所有建设项目均成交，平均履约率 $\bar{\theta} = \frac{a+b}{2}$，均衡价格 $P = \frac{a+b}{2}mc$。

尽管业主对承包商履约谐振估计高于承包商真实情况时，市场会部分存在，但除非 m 足够大（本例中 $m \geqslant \frac{2b}{a+b}$），否则交易数量不是最有效的。在非对称信息下，逆向选择使所有 $\theta > \frac{am}{2-m}$ 的承包商退出市场。

二、逆向选择导致业主支付履约率下降

用分析承包商履约率走向的方法同样可以研究建设项目业主履约率（及时支付工程款项概率）的走向。借鉴阿克劳夫旧车市场模型，通过设定相关条件，建立简单的数学模型。在建立模型时，相关条件的设定相当重要，大致应注意如下

两点：

（1）建设项目业主支付价格函数应是业主履约率的减函数，即业主支付价格函数对业主履约率求导的结果为负，这是因为资金实力较弱的建设项目业主愿意向承包商提供略高于当前市场的回报率，因为他或许在最初就并不打算按期付款，或者是在日后资金周转出现困难的情况下可能会轻易违背付款合约。而守诚信的业主会在事前准备好足够的资金，也不会在合约履行中或工程竣工后拖延付款，因此，他们不愿意以高于当前市场的回报率寻找承包商。

（2）承包商最终所得的期望值取决于建设项目业主愿意支付的价格和业主履约概率的共同影响，因此，虽然履约率越高的业主愿意支付的价格越低，但也正是因为其较高的履约率，使承包商收到其价款的期望值反而越大。

分析结果与分析承包商履约率时得出的结果一致，有资金实力且履约率高的业主要么退出市场，要么趋同于失信者，如法炮制降低履约率。

阿克劳夫通过建立经济模型揭示了"坏车驱赶好车"的原因。类似地，由于我国是非征信类国家，信用评价和失信惩罚机制缺失，难以仅靠市场调节使建筑环境自动恢复到如上部分（一）所示的结果。如果工程建设领域长期缺乏信用评价和对不按建设合同完成建设项目的承包商及拖欠工程款的不诚信业主的惩罚机制，守信的承包商和业主无法享受因长期诚信所带来的竞争优势和成本的降低，其要么退出市场，要么仿效失信者，承包商偷工减料、业主拖欠工程款，大量市场主体的违规行为必将使建筑市场陷入恶性循环。

第三节　建设工程合同履行中的道德风险分析

从我国建筑领域的实例中可以看到，当前状况是，守信者未得到有效的保护，失信者未得到严厉的制裁。相对较低的违约成本无疑助长了违约的风气，合同只是约束守信者，这显然不是市场经济环境中的正常现象，久而久之，会使一个行业失去发展的基本立足点。当违约的预期效用超过将时间及资源用于从事其他活动所带来的收益时，违约现象就会越来越多。

一、业主与承包商信息不对称的博弈结果

在专业分工与协作非常发达的建设工程市场中，业主一般不会自行建设工程项目，而是通过与承包商签订工程承包合同，将工程项目委托承包商承建。[1] 建设项目业主和承包商是建设工程市场中最主要的两个经济活动主体。两者之间形成一种非常密切的委托—代理关系。

囚徒困境是非合作博弈非常经典的例子，讲述的是两名被捕的同案犯在明知双双抵赖会达到最佳结果的情况下，仍都选择坦白的原理。业主与承包商面临的困境同样可用非合作博弈理论来解释。业主与承包商的困境是建设项目业主选择是否按期支付工程款，承包商/施工企业选择是否依照合同按质如期完工的博弈。

信息经济学理论认为：签订信用合约之后，易产生信息优势方（受信主体）的道德风险行为[2]。依照囚徒困境，用数字举个简单例子来说明。假定某建设项目业主委托某承包商建造一工程项目，应支付给承包商 $30\%V$，先前已经支付的土地款 $30\%V$；如果承包商履约（在预算内按时并保证质量完成工程项目建设），则实现工程全部价值，即 $100\%V$；如果承包商违约，建造的工程项目有质量缺陷或工期拖延等，只能实现70%的工程价值，即 $70\%V$，而且待工程项目问题日益严重时，业主需要找其他承包商进行加固、维修等，这会引起业主额外的费用 $5\%V$；对承包商而言，履约和违约所需投入的人力和物资是不同的，因而成本也是不同的，分别为 $25\%V$ 和 $20\%V$。具体见表3-1。

表3-1 业主与承包商的效用和成本

	业主效用	土地成本	承包商所得	业主其他成本	承包商成本
承包商履约	$100\%V$	$30\%V$	$30\%V$	0	$25\%V$
承包商不履约	$70\%V$	$30\%V$	$30\%V$	$5\%V$	$20\%V$

---

[1] John Black. Oxford Dictionary of Economics [M]. Oxford University Press, 2002.
[2] 杨文祥. 信息资源价值论 [M]. 北京：科学出版社，2007.

在承包商履约且业主及时付款的情况下：

业主净效用＝100%V－30%V－30%V＝40%V；

承包商净效用＝30%V－25%V＝5%V。

在承包商不履约但业主及时付款的情况下：

业主净效用＝70%V－30%V－30%V－5%V＝5%V；

承包商净效用＝30%V－20%V＝10%V。

在承包商履约但业主未付款的情况下：

业主净效用＝100%V－30%V＝70%V；

承包商净效用＝－25%V。

在承包商不履约且业主未付款的情况下：

业主净效用＝65%V－30%V－5%V＝30%V；

承包商净效用＝－20%V。

表3-2给出了业主与承包商困境的战略式表述。业主与承包商各有两种战略：守信或失信（业主的守信表现为按期支付工程款，承包商的守信表现为依照合同按质如期完工，双方的失信行为则与之相反）。表中每一格的两个数字代表对应战略组合下业主和承包商的净效用（支付），其中第一个数字是业主的净效用（支付），第二个数字为承包商的净效用（支付）。

表3-2　业主与承包商的困境

承包商 业主	守信	失信
守信	40%V，5%V	5%V，10%V
失信	70%V，－25%V	30%V，－20%V

在上例中，在业主守信的情况下，守信的承包商的净效用为5%V，失信承包商的净效用为10%V；所以在给定业主守信的情况下，承包商的最优战略是失信。在业主失信的情况下，守信承包商的净效用为－25%V，失信承包商的净效用为－20%V，所以在给定业主失信的情况下，承包商的最优战略仍是失信。

在承包商守信的情况下，守信业主的净效用为40%V，失信业主的净效用为

70%V，所以在给定承包商守信的情况下，业主的最优战略是失信；在承包商失信的情况下，守信业主的净效用为 5%V，失信业主的净效用为 30%V，所以在给定承包商失信的情况下，业主的最优战略仍是失信。

业主和承包商都知道不论自己守信还是失信，对方的最优选择权都是失信，即失信是业主的占优战略，也是承包商的占优战略。纳什均衡就是（失信，失信）。结果，双方都选择失信：业主不付款，承包商也不好好建设项目，最终业主得 30%V，承包商得–20%V。

在上例中，如果业主和承包商都守信，则业主得 40%V，承包商得 5%V，显然优于都失信，但这个帕累托改进办不到，因为它不满足个人理性要求，（守信，守信）不是纳什均衡。即使业主与承包商在项目建设之初达成协议（都守信），这个协议也没用，因为它不构成纳什均衡，没有人有积极性遵守。

值得一提的是，在举例说明时，数值/比例的选取可能导致均衡结果的不同，但在用数举例时，应十分注意：

（1）由于业主与承包商之间签订了工程承包合同后，就形成了一个受法律保护的利益共同体，即业主与承包商的利益是一致的，承包商按合同规定完成工程建设并交付业主，业主则按合同规定向承包商支付酬金。因此，在业主和承包商均守信/履约的情况下，各自净效用应大于双方均失信时各自净效用，是所谓的双赢或各取所需。

（2）假定甲方守信，乙方失信的净效用要大于选择守信时的净效用，因为乙方侵占了给定守信甲方的利益。

（3）对甲方而言，给定自己守信，那么乙方也守信带给自己的净效用要高于乙方失信。

满足上述三个条件，数值举例将得出一致的均衡结果。

二、推行保证担保有利于化解信息不对称状况

如果涉及执行合同的信息在合同双方间对称分布，则合同一方可以观察到对方的行为，那么即使存在利己行为决策的潜在激励，这种潜在激励也不会变成现

实。建立惩戒机制是化解合同双方信息不对称引起的道德风险问题的有效手段。[1] 它可以强迫信息优势方公开隐蔽信息和减少隐蔽行动，不得做出有损于另一方利益的事情。工程保证担保正是这样一个信用工具。在保证担保中，委托人对代理人能否履约缺乏足够的信息，但他却可以充分信任保证人。保证人基于对代理人履约能力有深入的了解，给予代理人担保。[2] 可以认为，委托人与保证人之间是信息对称的，而保证人与代理人之间也是信息对称的，于是保证人则成为交易双方一种信用的桥梁，使承包商与业主之间的信息达到对称，保证建设合同得以正常履行。[3]

继续上例，即使在签订合约、尚未开工前，业主与承包商互相承诺/协议"彼此都守信"，任何一方也不会相信的。因为在给定甲方选择守信的情况下，乙方的最优战略是不守信。比如，如果建设项目业主是理性的，那么他会怀疑承包商承诺的目的在于让自己守信，以最终达到承包商获得 10%V 的目的；同样，理性的承包商会怀疑业主承诺的目的是获取 90%V。换而言之，业主与承包商之间的承诺/协议是不可置信的。只有使业主和承包商的承诺变得可信，才能改变业主和承包商都不守信的状态，这样使（守信，守信）成为纳什均衡，双方都受益。

经济学中有个名词叫"违约成本"。在市场活动中，如果违约要受到一定惩罚，并且惩罚足够（或者说违约成本足够大），那么市场经济的主体就会有避免违约的主观积极性，或者说不敢轻易违约。惩罚的严重程度或代价的高低是经济活动主体是否选择违约的关键。即违约成本的高低是决定因素。如果违约受到的惩罚只是让经济主体遭受相对很小的损失，或者即使受罚，但所付出的代价低于收益，经营者便会选择违约。违约者多了，那么合同的履约率自然低。工程保证担保制度就是利用包括提高违约成本在内的各种方式来规范工程建设双方的履约行为，提高履约率的杠杆机制。[4]

如果强制推行承包商履约担保以及业主支付担保，由第三方承诺付款，情况就不同了。因为《担保法》规定："保证人承担保证责任后，有权向债务人追

---

[1]　陶长琪. 信息经济学 [M]. 北京：经济科学出版社，1996.

[2]　徐丹丹. 对工程保证担保制度若干问题的探讨 [J]. 法制与社会，2007 (1).

[3]　孙劲峰，黄依柱，朱萍. 工程担保制度试点与推进分析 [J]. 建筑经济，2007 (1).

[4]　孙慧，孙华兵. 对工程保证担保有关问题的探讨 [J]. 港工技术，2006 (4).

偿。"由于最终承担损失的仍将是自己，再加上此次的违约将会增加未来项目取得支付担保的费用及信誉受损等有形的和无形的损失，承包商和业主必然会在主观上认真履约。

修改上例，强制实行工程保证担保，如果业主不及时支付，由第三方担保机构代为履行支付义务，再由第三方向业主追偿，业主除了要支付约定的款项，还面临其他损失 a（a>0）；同理，承包商如果不履约，除了被要求继续履约外，还面临其他损失 b（b>0），如表 3-3 所示。那么无论承包商是否守信，业主都将选择守信，即守信是业主的占优战略，可以发现，守信同样也是承包商的占优战略，从而（守信，守信）不仅是业主与承包商博弈的纳什均衡，而且是占优战略均衡。

表 3-3　强制实行工程保证担保后

业主 ＼ 承包商	守信	失信
守信	40%V，5%V	5%V，10%V
失信	70%V，-25%V	30%V，-20%V

工程保证担保统一了（人为）风险行为者与（人为）风险后果承受者，依据产生风险者承担责任后果的原则，担保机构在其中扮演了转向阀的作用，将风险后果转回给了风险行为者本人。

第四节　基于期权理论的工程保证担保效用分析

一、期权交易原理

很多学者对期权的概念进行了定义。期权是指持有人在规定的时间内有权利，但不负有义务（可以但不是必须）按约定价格买或卖某项标的。① 期权作为一种防范金融风险的工具，具有不同于远期合约、期货等金融工具的特殊性——交付模式的不对等性，即期权合约买卖双方的权利和义务是不对等的。②

期权合约的买方有权利根据市场的变动来决定执行权利还是放弃权利；而期权合约的卖方只有义务按买方的要求履行，当买方决定放弃执行权利时卖方可以不执行合约。③ 这样期权合约使买方在不确定性的市场中总是获得收益（不管市场是呈正向还是反向变动)④。正因为如此，期权的买方需要为此权利付出一定的代价，即期权价格。⑤

根据期权交易的类型，期权可分为买权和卖权。⑥ 买权就是其持有人有按约定价格买入某项标的的权利；卖权就是其持有人有按约定价格卖出某项标的的权利。期权有多头和空头之分，多头就是买入期权一方，空头是卖出期权一方。多头只具有权利而可以小负有义务，而空头只负有义务而小具有权利。根据期权是处于多头还是空头，可组合出四种期权：多头买权、多头卖权、空头买权、空头卖权。

期权的内在价值是随标的物价值变化的期权价值曲线。⑦ 如果以 S 代表期权所对应的标的的市场价格，X 代表期权合约规定的约定价格，V 代表期权的内在价值。例如多头卖权，当 $S>X$ 时，显然卖权的多头会以市场价格 S 卖出标的而不会按约定价格 X 卖出，此时期权的内在价值为 0；当 $S<X$ 时，则按约定价格 X 卖出，多得的价值 $X-S$ 就是期权的内在价值。所以，多头卖权的内在价值为 $V=\max(0, X-S)$，其内在价值曲线如图 3-1 所示。相应地，空头卖权的内在价值为 $V=\min(0, S-X)$，多头买权的内在价值为 $V=\max(0, S-X)$，空头买权的内在价值为 $V=\min(0, X-S)$。

---

① 刘淑莲. 期权估价理论与财务策略 [J]. 会计研究，1997 (2).

② 张志强. 期权理论与公司理财 [M]. 北京：华夏出版社，2000.

③ 黄本要，唐登山. 企业融资风险的期权控制策略 [J]. 武汉理工大学学报（社会科学版），2002 (2).

④ 李秉祥，杨永辉. 项目投资中的期权及其决策分析 [J]. 西安理工大学学报，2000 (2).

⑤ 周春生，长青，郭良勤. 等待的价值 [J]. 经济研究，2001 (8).

⑥ 茅宁. 期权分析——理论与应用 [M]. 南京：南京大学出版社，2000.

⑦ 高芳敏等. 实物期权在风险投资决策中的应用研究 [J]. 财经论丛，2001 (1).

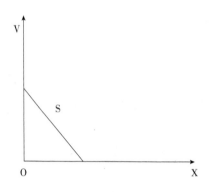

图 3-1 期权内在价值曲线

二、工程保证担保的责任与效用

在工程保证担保的实际操作中，工程担保是义务人通过第三方担保机构向权利人提供信誉保证，如果义务人不能履行义务，担保机构将代为履行。例如，承包商通过担保机构向业主提供履约担保，当承包商违约，经协商无效，业主要求承包商赔偿其损失，而承包商用其所有资产都无法赔偿时，担保机构就要负责赔偿。可见，担保机构与被担保人（承包商）的权利和义务也是不对等的。从量的角度来说，当被担保机构价值小于所担保的规模时，担保责任为两者之差，当前者等于或大于后者时，担保责任为零（见图 3-2）。

假设某承包商通过某一担保机构向业主提供了价值 1000 万元的担保，如承包商违约而且业主要求赔偿时，若公司价值为 1000 万元时，正好可以赔偿业主，无须执行事先签订的担保合约，担保机构的赔偿只是为了及时弥补业主的损失，最终还是由承包商承担，此时，担保机构的责任为零，承包商购买的担保的价值为零；而当公司价值仅为 900 万元时，担保人依据合约约定必须承担代偿的责任，担保合约发生效用，担保责任为 100 万元，担保的价值亦为 100 万元。随着公司价值的下降，担保责任呈递增的趋势。

综合以上分析，可见，对被担保方来说，签订担保合约相当于买入了一份买权，比较图 3-1 和图 3-2，其价值曲线也是一致的；对担保方来说，则卖出了一份卖权。因此，可以借助于期权的价格理论来确定工程担保的费用。

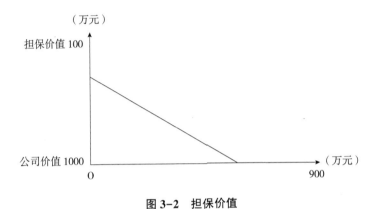

图 3-2 担保价值

第四章　银行业工程保证担保的
核心产品定位

　　《担保法》规定的担保方式为保证、抵押、质押、留置和定金五种方式。[①]
但工程保证担保是建立在信用保证基础上的工程担保形式。

第一节　银行业工程保证担保业务的现状

　　自 20 世纪 80 年代起，商业银行开始大力发展中间业务。[②] 商业银行中间业务是银行利用自身的信誉、技术信息、机构网络及资金等各方面优势，以中间人的身份，不参与信用活动本身，为客户办理各种委托事项，提供有偿服务。[③] 银行保证担保业务是银行众多中间业务的一种，[④] 银行保证担保业务在银行大力开展中间业务的情况下，适应了经济发展的潮流，近年来有了很大的发展。

一、银行担保的业务范围

　　商业银行的担保业务是在长期的实践中形成的，涉及的内容比较广泛，主要

---

　　① 马超，牟海瑞. 浅析建设工程施工合同司法解释二背景下的工程价款优先受偿权制度 [J]. 太原城市职业技术学院学报，2019（7）.

　　② 黄金强. 实际施工人应享有工程价款优先受偿权 [N]. 江苏经济报，2014-12-03（B03）.

　　③ 邓世敏. 商业银行中间业务 [M]. 北京：中国金融出版社，2002.

　　④ 谢建蓉，朱桂龙，何泽荣. 银行对外担保业务 [M]. 成都：西南财经大学出版社，1989.

包括银行保函（Bank Guarantee）业务和信用证业务。[①]

（一）银行保函业务

银行保函以其自身的灵活性和可靠性，广泛运用于国际贸易、对外承包工程的招投标、合同签署、预付款收取、质量保证等各个环节，同时在对外融资中银行保函也起着举足轻重的作用。[②] 中国建设银行是我国最早开展保函业务的商业银行，本书以中国建设银行为例（下同）。根据《中国建设银行保证业务办法》[③]，中国建设银行可开办下列保函，用于工程保证担保业务：

1. 投标保函

建设银行接受投标方的请求，向招标方保证，如投标方中标后擅自修改报价、撤销投标书或者在规定时间内不签订招投标项下的合同，中国建设银行将根据招标方的索赔，按照保函约定承担保证责任。

2. 承包保函

又称承包商履约保函，是指中国建设银行接受承包人的请求，向发包人保证，如承包人在规定的期限内不履行承包合同约定的义务，中国建设银行将根据发包人的索赔，按照保函约定承担保证责任。

3. 履约保函

中国建设银行接受债务人的请求，向债权人保证，如债务人不履行合同约定的义务，中国建设银行将根据债权人的索赔，按照保函约定承担保证责任[④]。

---

① 邓世敏. 商业银行中间业务 [M]. 北京：中国金融出版社，2002.

② 邹小燕，朱桂龙. 银行保函及案例分析 [M]. 北京：中信出版社，1993.

③ 孙泳，赵明扬. 建设工程施工合同无效时工程款优先受偿权的判定 [N]. 江苏经济报，2015-01-07（B03）.

④ 戴维·W. 皮尔斯. 现代经济学词典 [M]. 上海：上海译文出版社，1988.

4. 预收（付）款退款保函

中国建设银行接受预收款人的请求，向预付款人保证，如预收款人没有履行合同或未按合同的约定使用预付款，中国建设银行将根据预付款人的退款要求，按照保函约定承担保证责任。

5. 工程维修保函

中国建设银行接受施工企业的请求，向建设项目业主保证，如施工企业在工程竣工后不履行合同约定的工程维修义务，或工程质量不符合合同约定而施工企业又不能维修时，中国建设银行将根据建设项目业主的索赔，按照保函约定承担保证责任。

6. 质量保证

中国建设银行接受卖方请求，向买方保证，如货物质量不符合合同约定而卖方又不能更换或维修时，中国建设银行将根据买方的索赔，按照保函约定承担保证责任。

招商银行也开展了同类的保函业务。

（二）信用证业务

信用证是指一家银行（开证行）应客户（申请人）的要求和指示，或者以其自身的名义，在与信用证条款相符的条件下，凭规定的单据向第三者（受益人）或其指定人付款，或承兑并支付受益人出具的汇票。[1]

信用证根据用途、性质、期限、流通方式的不同可分为：跟单信用证与光票信用证；可撤销信用证与不可撤销信用证；保兑信用证与不可保兑信用证；即期付款信用证、议付信用证、承兑信用证、延期付款信用证；可转让信用证与不可转让信用证；背对背信用证与对开信用证；备用信用证；循环信用证；等等。

---

① 周辉斌. 银行保函与备用信用证法律实务［M］. 北京：中信出版社，2003.

（三）银行保函和信用证的性质

虽然商业银行所从事的银行保函业务和信用证业务都带有担保的功能，但性质和作用不同。

银行保函是一种保证担保性质明确的金融产品，可直接用于保证担保。此时，银行充当保证担保人的角色，在被担保人违约的情况下，承担完全的保证担保责任。在工程履约保证担保中，不但承担相应的经济责任，而且首先要承担继续履约的责任。因此，银行保函带有第三方保证担保的性质和作用。

银行信用证只能用于质押担保的形式，即经济关系中的债务人，或合同关系中义务履行的责任人，可用所持有的银行信用证，向债权人或合同关系中权利一方作质押担保。此时，银行不承担保证担保的义务，只是根据信用证的类型和功能用途，在与信用证条款相符的条件下，负责凭规定的单据向第三者（受益人）或其指定人付款，或承兑并支付受益人出具的汇票。

二、银行业保证担保业务的发展

我国商业银行正在大力改善保证业务的开展，保证业务发展迅速，逐渐向发达国家靠拢。银行开具的保函数量和种类正在迅速增长，单笔保函金额也在增大。银行不断加强和企业之间的合作，政府也开始重视银行保函的重要性，例如：

2004 年 2 月 1 日，中国工商银行深圳市罗湖支行为深圳市万科房地产有限公司开具金额 240 万元人民币的工程款支付保函，期限由 2004 年 2 月 2 日至 2005 年 1 月 31 日，万科企业股份有限公司为此提供反担保。2004 年 1 月 15 日，中国工商银行深圳市罗湖支行为深圳市万科房地产有限公司开具金额 350 万元人民币的工程款支付保函，期限由 2004 年 1 月 15 日至 2005 年 1 月 14 日，万科企业股份有限公司为此提供反担保。截至 2004 年 1 月 29 日，万科企业股份有限公司为全资子公司提供担保额合计达 6.54357 亿元。中国农业银行武汉市分行 2001 年与中交集团第二航务工程局及中交二航院达成"银企合作协议"，成为两家企业的主办银行，办理了近 2000 笔保函和信贷证明，金额达 110 亿元，为企业参与桥梁工程项目的招投标提供了资信保障。

为提升中国在国际工程承包市场上的地位，国家财政部和商务部设立对外承包工程保函风险专项资金，该业务由国家财政出资设立，是中国银行提供的一项特色保函产品，作为银行授信的一种替代方式，为满足条件的国内对外承包工程企业开立投标、履约和预付款保函，一定程度上缓解了企业的资金压力，部分解决了企业授信不足的问题。该业务自 2002 年初开办以来，中国银行和对外承包工程企业密切协作，互惠互利，使"对外承包工程保函风险专项资金"业务在几年的时间里取得了飞速的发展。截至 2005 年 12 月底，已经有超过 60 家企业使用风险专项资金在中国银行开立保函 400 多笔，开往全世界 49 个国家和地区，涉及住房、大坝、电站、成品油管线、道路、卫生设施、供水和卫生工程、污水处理、工厂扩建改造、铁路建设等公共和民用设施，有力地支持了中国境外工程承包及劳务输出的发展，促进了中国出口特别是机电产品和成套设备出口的增长。2006 年 1 月，为进一步提升中国在国际工程承包市场上的地位，国家财政部和商务部在原有 4500 万美元风险的资本本金的基础上，继续增资 1192 万美元，进一步扩大中国银行在此项业务中的运作空间。2006 年上半年，宁波市政府专门设立了 1500 万元对外承包工程保函风险专项资金，该市签订境外工程合同额约 2.5 亿美元。

2006 年 6 月，湖北分行营业部江岸支行对武汉环宇贸易公司开立了出口船舶外汇预付款保函，实现了省行办理涉外保函业务零突破。同时，本、外币业务联动营销，相互促进，形成良性循环，有效提升了综合效益。至 2006 年末，该项目已实现中间业务收入 50 万元，综合收益 100 万元，结算量 8800 万美元，结售汇 1100 万美元，外汇理财 200 万美元，外汇存款年日均余额约 280 万美元，人民币存款年日均余额约 2600 万元。

三、银行业工程保证担保存在的问题

总体上来说，我国工程保证担保业务开展较晚，品种也比较少，在许多方面都还有很大的局限性，包括银行业本身的担保能力、外部市场环境和相关法规的成熟条件、政府与行业的监管职能等。

（一）担保知识和能力的不足

国内商业银行由于自身的知识技术实力还不够，对保函的种类有很大限制[①]，例如中国工商银行规定原则上只对信誉和经济效益好的企业以及存款大户出具人民币保函。出具人民币保函必须以真实的进口国内紧缺的材料合同或国内单位之间签订的大宗物资、商品购销合同及可靠的劳务合同为依据。除此之外不得出具任何人民币保函。

（二）担保资格和金额的限制

国内商业银行在保函开具的资格和金额上都有很大限制。[②]例如，中国工商银行规定：

总行授权省级分行及计划单列市分行出具人民币保函；地市及其以下分支行一律不得出具人民币保函。显然，如果工程所在地没有省级分行或计划单列市分行，就很不方便，承包商必须到很远的地方才能办理到银行保函，既浪费了时间，又增加了费用。

省级分行及计划单列市分行人民币单笔保函金额，审批权限为 5000 万元，超过限额的一律以正式文件报总行审批后，再由省级分行及计划单列市分行出具保函。各行开具人民币保函的总额不得超过总行授权经营的实收资本的 50%。一些大型工程所需的保函金额远远超过 5000 万元，就必须通过省级分行或计划单列市分行向工商总行申请，很可能造成延误投标事件发生。

但目前银行正逐步降低开具保函所需的资格，例如，中国工商银行重庆分行将部分融资业务"放权"给二级分行审批，包括提供低风险担保的流动资金贷款、银行承兑汇票、保函等各类融资业务。

---

①②　唐旭，成家军．现代商业银行业务与管理［M］．北京：中央广播电视大学出版社，2002.

（三）继续履约能力较弱

目前，国内银行以保函的形式开展保证担保并未真正达到保证的目的，即保证项目的完成①。以承包商履约保函为例，在实际操作中，银行保函目前只是保证业主在承包商违约的时候得到赔偿，然而业主的真正目的是工程的顺利完成，而不是仅仅获得赔偿。因此，目前银行开具的承包商履约保函并不能满足业主的全部需求，银行需要在"保证"上下功夫，而银行本身的特点使银行在保证工程完成方面显得先天不足，因此有必要积极开展相关研究，指导银行开展真正的保证担保业务。

（四）外部不规范行为的干扰

我国银行保证业务存在人情担保、干预担保、多头担保、互相担保、连环担保、指令担保等现象。② 此外，监管不严也是造成欺诈行为和假保函事件时有发生的原因之一。不具有保证资格的党政机关以及企业行政主管部门担保/反担保，以法人的分支机构或职能部门作保/反担保，以小保大，以虚保实等，导致保证担保流于形式。担保银行债务风险依旧较大，并由此带来大量的担保涉讼纠纷。

第二节　银行业提供工程保证担保的优劣势分析

由于建设工程价值巨大，工程承发包时业主为了确保自己的权益不受损害，往往要求承包商提交业主认可的保证人签发的保证书或保函，而且担保金额通常都比较大。由于个人保证担保往往会因为保证人的意外之故，或保证人

---

① 周盛世. 工程承包中银行出具履约保函的若干问题探讨 [J]. 建筑经济, 2006 (2).
② 李栋. 工程保证担保制度启动阶段的问题和对策 [J]. 建筑经济, 2005 (8).

无力履行保证义务，或其他原因而使保证承诺成为一纸空谈，显然个人不适合作为保证人①，因此，工程保证担保的保证人往往是令债权人信任的法人机构。

目前在国际工程建设领域中，工程保证担保的保证人主要是以组织的形式出现的。保证人一般为银行，保险公司、专业保证担保公司、母公司或具有同等或更高资信水平的承包商②，这些组织往往在国际工程建设领域充当保证担保人的角色。

采用不同的保证担保类型（是采用银行保函还是采用由担保公司开具的担保书），执行程序不同，效用也不同。明确银行业提供工程保证担保的优劣势，对决定银行业工程保证担保的核心产品有重大的影响。

按保证人主体的不同划分，工程保证担保有以下四种基本模式：

一、由银行充当保证人

银行保函属于保证方式，是银行担保业务的一种，近年来正以迅猛的发展势头成为国际商业银行表外业务的一种③，也成为商业银行利润的重要来源。

银行提供的银行保函是银行向权利人签发的信用证明。若被保证人因故违约，银行将付给权利人一定数额的赔偿金。它是一种备用性质的银行信用。目前通行的是担保银行承担第一偿付责任④，即只要保函规定的偿付条件已经具备，担保银行便应偿付受益人的索偿。

银行作为保证担保主体，出具银行保函，这种模式在欧洲各国得到广泛采用。银行出具的履约保函具体又分为两种类型：

---

①　黄绍棣，倪炜．我国建立工程保证担保制度的探讨［J］．建设监理，2000（5）．

②　邓晓梅，田芊．国际工程保证担保制度特征的研究［J］．清华大学学报（哲学社会科学版），2003，18（2）．

③　刘鹏程．国际工程承包项目中的银行保函实务［J］．石油化工设计，2003（2）．

④　刘园．商业银行表外业务及风险管理［M］．北京：对外经济贸易大学出版社，2001．

（一）无条件履约保函（Unconditional Performance Guarantee）

无条件履约保函是指无论业主任何时候提出声明，认为承包商违约，只要业主提出的索赔日期和金额均在保函有效期和保证限额之内，银行就得无条件对业主进行赔偿支付，故被称为"见索即付"。①

采用无条件履约保函，对于银行来说，就可以避免卷入业主与承包商之间的争执纠纷，并倾向于保护业主的利益。

（二）有条件履约保函（Conditional Performance Guarantee）

有条件履约保函是指在支付赔偿之前，银行要求业主必须提供承包商确定未曾履行义务的理由证据。

采用有条件履约保函，需要银行公正地核准业主的赔偿要求，因此可能推迟担保合同的完成时间。相对于无条件履约保函而言，有条件履约保函的支付不是一次性的，而是根据按价赔偿的原则进行，从而更多地保护承包商的利益。

银行出具的建设项目，业主支付保证函是指业主通过银行为其提供担保，保证业主按照合同规定的支付条件如期将工程款支付给承包商。如果业主不按合同支付工程款，将由提供保证的银行代向承包商履行支付责任。

类似地，银行出具承包商履约保函为承包商提供担保，保证承包商将按照合同约定确保按质如期完成工程建设。当承包商违背合同时，由提供保证的银行向建设项目业主进行经济赔偿②。

业主/承包商一般向其开户银行申请银行保函，这是因为：

（1）开户银行了解企业经营的运行情况以及财务状况，能够决定是否给予担保；

（2）开户银行提供担保后，可以对业主/承包商的资金使用情况实行监管，

---

① 姚念慈. 见索即付保函统一规则译文和注释 [J]. 新金融，1994 (1).
② 雷俊卿. 国际工程承包中的经济担保与风险 [J]. 国外公路，1994 (5).

防止业主抽调资金或承包商将项目资金挪作他用，影响项目进行。

银行在实际应用过程中，无条件保函占主导地位。即银行一般开具的是见索即付保函，它具有独立性、不可撤销性、无条件性①。以承包商履约担保为例，担保银行承担保证的责任是无条件的，只要业主提出的索赔请求符合相关的证明文件形式上的要求，担保银行就依其承诺进行赔付。为了规避由此产生的风险，银行对申请开具保函的申请人一般有严格的要求，需要其提供严格的反担保措施。此外，银行开具的保函要占用申请人的授信额度，这不利于申请人的资金周转。

尽管如此，企业还是不易从银行得到保函，这是因为银行经营的稳健作风，总是尽量把自身承担的风险降到最低，因而往往要求申请人提供足够的反担保。一般来说，银行会要求申请人向银行预存100%的保证金或抵（质）押品，银行担当零风险。并且因为抵（质）押物品在保管过程中可能会发生损耗、损坏、贬值等，并发生保管费用，再综合考虑变现能力大小等因素，因而抵（质）押品的面值通常大于担保金额。

但是，并不是所有情况都是如此。如果申请人不能提供上述反担保措施，银行出于一定的利益考虑和对实际情况的掌握，往往会采取下述措施进行一些变通：

（1）银行往往会要求申请人提供经银行认可的第三方保证，以转移自己的风险。

（2）银行使用申请人的信贷限额为其提供担保，开具保函后申请人今后的信贷限额将相应减少。所谓信贷限额，是指银行对借款人规定的无担保贷款的最高额，一般而言，企业在批准的信贷限额内可随时使用银行借款。

（3）银行根据其为该客户评定的信用等级，要求提供一定比例的保证金或抵（质）押物品，信用等级高的，取较低比例。比例的大小往往根据客户的信誉级别、银行与客户的关系等来确定。

银行对于承包商的资质审查，往往局限于承包商财务状况的好坏，而对承包商的技术水平和管理能力则不会彻底核查。出具履约保函的银行仅仅给予业主一定数额的赔偿，却把复杂的善后处理工作留给业主。这也是在美国禁止银行从事工程保证担保业务的主要理由。

---

① 谢建蓉，朱桂龙，何泽荣. 银行对外担保业务［M］. 成都：西南财经大学出版社，1989.

二、由专业保证担保公司充当保证人

由专业保证担保公司充当保证人即由担保公司开具保证书（Surety Bond）。美国、加拿大等美洲国家主要采用这种模式①，因而这种担保模式又被称为"美式保证担保"。从担保金额来看，担保公司的保证金额一般要大于银行保函的金额。

由担保公司出具保证书的担保模式广泛应用于美国，鉴于银行在工程中扮演债权人的角色，若再从事担保业务容易造成监管上的混乱，所以美国法律严禁银行从事保证担保业务。②美国工程保证担保保函只能由经美国财政部批准从事担保业务的保险公司和专业担保公司出具③，通过立法在公共投资项目中强制执行。获准从事担保业务的保险公司和专业担保公司具有较大的金融机构的身份，有充足的资金实力来提供担保服务。

美国没有施行建设项目业主支付担保。④获准从业的担保机构采用 GIA 协议（General Indemnity Agreement）为核心的承保模式为承包商开具保函。GIA 协议是美国担保公司与承包人之间签订的一揽子赔偿协议，是担保公司为承包人开具保函的基础。

担保公司的保费来源于承包商承接的每一个建设项目，利润则产生在承包商对承接的每一个建设项目都积极履行施工合同的基础上，这促使担保公司极为关注自己所担保的承包商的发展。与银行保函相比，专业担保公司的保证书是真正地履行合同担保。这是因为银行保函只是一种财务担保，持银行保函的业主只能向担保银行索取保证金；而专业保证担保公司（保险公司）提供保证担保时，相对更注重对申请人履约能力的审查，并且还要认真分析、研究承包商与业主间的合同条款和条件，一旦证实承包商确实违约，开具履约保证书的专业保证担保公司则要确保业主按照合同规定最终获得工程。⑤因此，持有专业担保公司保证

---

① Abdou，Ossama A. Managing Construction Risks［J］. Journal of Architectural Engineering，1996，2（1）.

② 王素卿. 开拓创新、重在落实：大力推行工程担保制度［J］. 建筑市场与招标投标，2005（5）.

③ 杜文宏. 国际保函惯例及其适用［J］. 对外经贸实务，1997（11）.

④ 邓晓梅. 中国工程保证担保制度研究［M］. 北京：中国建筑工业出版社，2003.

⑤ Hunt G. Construction Surety and Bonding Hand Book［M］. Professional Education Systems，1990.

书的业主，则可要求担保人继续完成工程，而不是索取保证金。担保人可以用自己的力量，也可以雇用其他承包商来继续完成工程；或者应业主要求，在保证原合同工期和剩余合同差价不被突破的前提下，安排业主与另一承包商签订合同。

三、由母公司充当保证人

即由母公司为子公司担保。"母公司担保"（Parent Company Guarantee）得到 NEC 和 1999 新版 FIDIC 合同条件的确认，并已经被 1999 版的 FIDIC 合同所采用，成为 FIDIC 合同推荐使用的一种模式，因而也逐渐成为一种国际惯例。其优点在于，承包商可以用母公司提供的保证担保代替银行或者担保公司提供的保证担保，省去因工程保证担保而支付的保费，节约成本，降低工程的造价。①

四、由另一家具有同等或更高资信水平的承包商充当保证人

日本和韩国的合同经常采用这种模式。这不是国际惯例，是日本学习借鉴西方工程担保制度的变通办法②，后传到韩国，准确地说，这是一种"替补承包商保证担保"的方式。日本和韩国的公共投资项目承包商都采用招投标和最低中标的办法。在发包人与中标的承包商签订合同时需事先约定一位替补承包商作为保证人，若中标人不能履行合同，则由保证人代为履行。替补承包一般由参加同一项目投标但未中标的承包商充当，在日本被称为工事完工保证人，因此，这又叫作"工事完工保证人制度"。日本学者对这种方式的英文表述是"Competition Guarantee by Competitor"③，即由竞争者提供的完工担保。但是这种方式在实践中有些弊端，比如妨碍竞争、增加投资的成本，还将给保证人带来很高的连锁亏损甚至破产的风险等。

---

　　① 罗建，陈红莹. 反担保制度研究 [J]. 西南民族大学学报（哲学社会科学版），2002（4）.
　　②③ 草刈耕造. 公共工程合同新履行保证制度 [M]. 邓晓梅，顾林生，黄湘露译. 北京：中国建筑工业出版社，2004.

国际上有一些"同业担保"的做法，但主要是母公司为子公司提供担保，以及有联盟关系的企业之间的相互担保①，不是竞争者之间的担保。由于在市场经济环境下，建筑市场机制发挥作用的关键是使企业之间充分竞争，所以"替补承包商保证担保"只能是一种例外，而不是惯例，否则市场机制必然被扭曲。②

"替补承包商保证担保"方式作为日本当年借鉴国际惯例、设计工程保证担保制度的一种变通性安排，其初衷是解决建设资金短缺的问题。为了降低担保成本，日本以有限招标替代了完全公开的招投标；以业主自行的资格预审替代了投标保函；以替补承包商的保证替代了银行或者担保公司的履约担保，目的是使发包人既得到第三方担保的好处又避免支出保费。表面上看，这种设计是有理由的，但后来的事实证明这种一厢情愿的做法并没有真正使成本降低，而只是使成本以另外的形式体现出来。日韩两国在实践中不断发现这种做法的诸多弊端并进行了一系列改革，最引人注目的是，日本从1996年起，在公共项目承发包中逐步废除了替补承包商保证的方式；1996年4月起，进一步对所有的工程实施了新的履约担保制度。随着"替补承包商保证担保"方式的废止，履约保证担保市场迅速繁荣起来，1996年日本全国担保公司的年保费收入为1360万亿日元，1997年猛增至46600万亿日元。1997年，韩国开始工程担保制度改革。在此之前，承包商在提交合同金额10%的保证金保函的同时，必须有替补承包商担保。若承包商愿意将保函提高到20%，则发包人可以考虑免除对替补承包商的要求。1997年改革后，不再是由发包人决定，而是承包商可自行选择提交20%的保证金保函，或采用10%保证金保函加上替补承包商保证，或提交30%的类似于美国的履约保函。

替补承包商保证方式在日本和韩国的实践中体现出的弊端主要有：

（一）给保证人带来很高的连锁亏损甚至破产的风险

替补承包商不是专业的风险运营机构，只对某一项目的某一承包商提供保证，

---

① Kangari R., Bakheet M. Construction Surety Bonding [J]. Journal of Construction Engineering and Management, 2001, 127 (3).

② 草刈耕造. 公共工程合同新履行保证制度 [M]. 邓晓梅，顾林生，黄湘露译. 北京：中国建筑工业出版社，2004.

即使收取保费，与它所承担的风险相比是不成对价的，所以一般也不收取保费。当中标人履约失败后，它必须以中标人的原合同条件继续履约，原合同价往往是最低中标的中标价，在这种情况下，保证人的履约成本只会高于中标人。尽管代为履约发生的损失可以通过法律上的代位追偿权追回，但现实中履约失败的中标人清偿能力极为有限，因此，保证人代为履约而发生亏损乃至破产的概率很高①。

（二）方式本身不经济

发包人要求安排另一建筑企业作保证人的目的是希望保证人具有履行实际施工义务的能力，以便在必要时很快接手工程，但事实上做不到这一点。对承包商来讲，最经济的做法是通过合理的生产计划用足自己的实际生产能力。由于充当保证人的替补承包商很难对所保证的项目在什么时间需要投入自己多少生产能力做出准确预测，因此难以恰当安排。若特地保留一定的生产能力，但中标人没有出现履约失败，显然就有些浪费；若不纳入计划，又可能突然需要代为履约却不能安排出足够的人力、物力。此外，保证人与作为被保证人的中标人之间本来要求建立起相互信任和密切的关系，但中标人与替补承包商之间客观上存在着竞争关系，互相之间有着许多商业秘密，使这种信任和合作大打折扣，这也是这种担保方式缺乏经济性的另一个表现。

（三）妨碍竞争，增加投资成本

由于替补承包商的风险和权益悬殊，完全不成等价，也无其他利益驱动，因此，它就促成妨碍竞争现象的发生：首先在建筑业企业之间进行私下的大规模联合，通过拒绝向未参加联合的公司提供担保的手段排斥竞争；然后利用有限招标的机会内定中标人，通过整体提高报价水平来提高企业的利润水平，从而提高抗风险能力。在这种缺乏竞争的情况下，发包人多支出的投资成本往往大于在担保上节省下来的保费。

---

① 倪炜，季建明，应柏平.关于工程担保方式的探讨［J］.建筑，2002（4）.

（四）不能给发包人提供足够的经济保障

日本、韩国业内人士已经认识到，这种方式只是履行施工义务的担保的措施，并不包含其他的赔偿责任。因此，韩国规定，替补承包商保证仅仅是承包商履约担保的一个方面，除此之外，它还必须同时提交合同金额 10% 的履约保函以保障对发包人足够的经济赔偿。在日本，新的履约担保制度的重心已从对施工能力的需求转变为对履约保证、履约保函的要求。原因显而易见，只要有足够的经济补偿就有条件购买到所需的施工能力。

工程保证担保是国际上公认的高风险行业，具有很强的专业性。风险的识别和控制靠专业经验的积累和成熟的管理技术。"替补承包商保证"的提法恰恰忽视了这一点。我国目前的承包商，即使是一级企业，也不具备工程担保的专业背景和经验，缺乏可靠的操作机制，难以承担"替补承包商保证"的责任。一旦担保失败，极有可能发生一个好企业被一个不讲信用的企业拖垮的事情。

（五）比较结论

竞争机制是市场经济的灵魂，是企业成长、经济发展、社会进步最主要的动力。完善建筑市场竞争机制的一个重要目的就是要提高资源配置的效率。目前建筑业发展仍存在着诸多的瓶颈，结构性障碍依然难以超越，规模不经济，优质企业不壮大，劣质企业不退出，无法实现粗放型增长向集约型增长的转变[①]。在这种情况下提倡"替补承包商保证"，无助于充分发挥竞争机制优胜劣汰、优化资源配置的作用。

建筑市场需要专业化的工程担保机构，就像需要专业化的律师事务所、会计师事务所、审计事务所、银行、保险公司一样，它们都是无法以建筑业"同业操作"的方式取而代之的[②]。工程保证担保的本质是规避信用风险，而建筑工程市

---

① 张运惠. 中国建筑企业国际竞争力的实证分析开放导报 [J]. 建筑经济，2002 (5).
② 王进，刘武成. 论入世后工程风险管理制度的建立 [J]. 基建优化，2002 (4).

场信用风险的最终分散和化解要靠一种社会机制的建立和完善①。根据"风险共担、利益共享"的原则，工程担保所介入的建筑市场交易关系的各方利益主体，都应通过中介机构的杠杆性安排，承担与其利益相对应的经营风险。② 如果所有的建筑市场信用不通过中介转移，百分之百地由工程保证担保机构最终来承担，那么我国工程保证担保业必然无法发展。

我国建筑市场运行机制改革的一个重要任务，就是大力发展各类社会化的中介组织，把政府做不好甚至做不了的事情，如法律事务、会计审计、工程担保、工程保险等交给社会化的中介机构来承担。从这个意义上讲，若将专业保证担保比作社会化的大生产方式，是一种分散和消化风险的社会中介，而"替补承包商保证"则是一种自留风险的非杠杆性安排。显而易见，建立社会化机制的目标是无法通过"替补承包商保证"的方式实现的。

通过分析可知，银行业、专业保证担保公司、母公司均可作为工程保证担保人，其中，银行业显然更适合经营支付类保证担保产品。

发达国家市场经济体制非常成熟，工程保证担保法律和制度也已十分健全。比如美国，由于经济已高度发展，保险业和保证担保行业的形成有相当长的历史，其资本积累和抗风险能力足以充当巨额工程合同的保证担保角色，银行金融业和保险业的业务领域和对象已经趋于平稳化③，因此，美国禁止银行业介入保证担保领域更有利于提高效率、规范行业管理、防止过度竞争。④

我国目前正处在经济体制转轨时期，市场主体信用基础及相关法律与工程担保制度尚不健全。银行在工程保证担保方面的地位和作用不但有其历史的影响，更重要的是它的抗风险经济实力与长期形成的担保业务经验。⑤ 而我国目前的专业担保机构在资本积累和承保能力、抗风险能力方面都还不足以承担巨额投资，只能作为银行担保的辅助形式⑥。表4-1罗列了银行和专业担保公司的优劣势。

---

① 孙建平，孟庆鹏．担保法与工程担保的法律配套性研究 [J]．辽宁广播电视大学学报，2006 (4).
② 周锐，周盛廉．工程担保操作实务 [M]．北京：中国建筑工业出版社，2007.
③ 李燕鹏．美国的工程项目保险与保证担保 [J]．建筑经济，1998 (8).
④ 赵一波．建筑工程价款优先受偿权的法律属性 [N]．人民法院报，2004-04-16.
⑤ 冯禄成．商业银行贷款风险管理技术与实务 [M]．北京：中国金融出版社，2006.
⑥ 倪炜，季建明，应柏平．关于工程担保方式的探讨 [J]．建筑，2002 (4).

表 4-1　银行和专业担保公司的优劣势比较

银行	专业的担保公司
经济实力雄厚	担保公司资本积累尚不深厚
可信度高	担保公司自身的可信度尚有待加强
承保能力、抗风险能力均较强	承保能力、抗风险能力方面都还不足以承担巨额投资
开具保函方面有着自己的长期经验	专门针对工程担保的专业担保公司尚处于起步阶段
具有相对规范的操作流程	在实践中摸索操作规程
具有较完善的资金监管体系	缺乏对申请人的资金监管手段
银行占优：银行比专业的担保公司更善于控制申请人的资金运作 　　　　　部分地区已开展的承包商履约/业主支付担保多由银行提供	
工程专业知识较薄弱	
费用高	不限制申请人的贷款能力
反担保条件较为苛刻	
占用申请人信用额度	
担保公司占优：银行出具保函会造成申请人在一定情况下出现资金周转问题，而担保公司出具担保书时不会造成类似影响，这是担保公司明显的优势之一	

综上所述，在当前我国担保机构的担保容量有限、担保公司初具雏形①，尤其是在专业的工程担保公司非常不成熟的客观条件下，发挥银行金融业特有的优势，对我国建立和健全工程保证担保制度将起到重要的积极作用。

第三节　银行业工程保证担保核心产品的选择

银行业虽缺乏建设工程保证担保所需的专业知识，但相对于保险公司和专业

① 孙慧，孙华兵. 对工程保证担保有关问题的探讨 [J]. 港工技术，2006 (4).

的担保公司，银行业更熟悉且便于监控申请人的资金运作。根据我国现金管理的规定，除了零用现金之外，任何款项的支付都需通过银行，所以银行，特别是申请人的基本账户所在银行对申请人的资金安排比较熟悉，便于对申请人资金实行监督管理。① 银行业应充分利用上述优势地位和便利条件，选择适合的工程保证担保产品。

中国建设银行 2003 年 11 月颁布的《中国建设银行保证业务办法》规定了可向中国建设银行提出保证申请的企业（事业）法人或其他组织所必须具备的条件及在申请时所需提交的资料，具有普遍意义。

一、建设项目业主支付保证担保

（一）承包方面临发包方责任风险

承包方面临的最大风险就是拖欠工程款，除此之外，作为建设工程合同当事人一方的建设单位或业主，在履行其合同责任和义务方面，通常还有不能及时提供施工场地和施工图纸、非正常变更、工程中止、错误指示、拖延验收等，这些情况都将构成承包人的风险，并导致工程索赔事件②。承包人索赔的结果，最终还是要落实在发包人的经济责任和费用支付上。

此外，在我国有些建设项目不按建设程序立项，急促上马，严重存在建设资金缺口或筹资不能及时到位的情况，建设单位在招标过程中任意压价、强求带资承包的情况屡见不鲜；施工期间不能按时结算，拖欠工程款和造成三角债关系；总包对分包的支付不能兑现，既有自身诚信缺失，也受业主支付失信的连带影响③，所有这些都将构成承包人的风险。

---

① 蒲夫生，温铁强. 我国商业银行小企业的融资担保研究——关于第二顺位担保物权在反担保中的具体运用 [J]. 金融论坛，2006（6）.

② 孙劲峰，黄依柱，朱萍. 工程担保制度试点与推进分析 [J]. 建筑经济，2007（1）.

③ 庄克平，吴奕. 无效合同是否享有工程价款优先受偿权 [N]. 江苏法制报，2012-08-14.

(二) 我国拖欠工程款现象严重

建设单位/业主最主要的合同义务就是及时按进度支付工程款。就我国的实际情况来看，业主拖欠工程款历来都是承包商面临发包人最大的风险之一。

据国家统计局数据统计，1990 年全国建筑施工企业被拖欠工程款为 36 亿元；到 1992 年底达到 200 亿元；1993 年达到 308 亿元；1995 年超过 600 亿元；1996 年底，四级及四级以上建筑施工企业被拖欠工程款 1360 亿元；1999 年末达到 2221.4 亿元；2001 年底被拖欠款总量达到 2787 亿元，是 1996 年的 2 倍多[1]；到 2002 年底达到 3365.62 亿元；截至 2003 年底，全国建筑业企业被拖欠工程款 3669.53 亿元[2]，如图 4-1 所示。

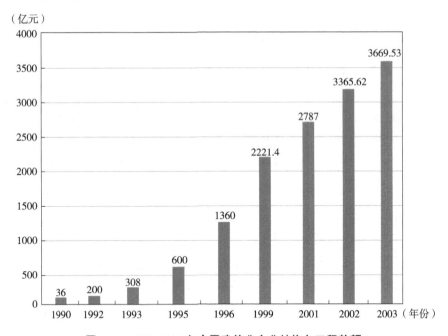

图 4-1　1990-2003 年全国建筑业企业被拖欠工程款额

---

①　盛春奎，王旭峰，徐伟. 中国推行工程担保制度的探讨 [J]. 建筑技术，2004，35 (8).

②　王明亮. 2003 年建筑业企业被拖欠工程款 3670 亿元 [J]. 建筑经济，2004 (7).

据统计，在拖欠的工程款中，政府投资项目和房地产开发项目拖欠问题尤为严重。在 2003 年累计全国建筑业企业被拖欠的工程款 3669.53 亿元中，已竣工项目拖欠 1700 多亿元，涉及 12.4 万个项目。已竣工工程中拖欠比例最大的仍是房地产开发项目和政府投资项目，占已竣工工程拖欠款的 80% 左右；在建工程中拖欠工程款最多的还是房地产开发项目，占在建工程拖欠款的 65.9%。拖欠工程款不仅影响建筑企业的资金周转，增加其财务的不稳定性，也造成施工企业拖欠分包商的工程款、材料供应商的材料款、民工工资等。由此形成的债务链和三角债牵连到众多相关行业，农民工因拖欠工资而闹事已经成为一种社会现象，影响了建筑业的形象，并且阻碍了建筑业的发展，在一定程度上扰乱了我国整个建筑市场的经济秩序。①

根据国家统计局统计，在 2002 年全国工程拖欠款中，政府工程欠款占相当大的比重；② 福建黎民友律师事务所蔡作斌律师在分析工程款被拖欠的原因时明确指出，主要原因之一就是业主是地方政府或行政管理部门。2004 年 8 月 23 日，在国务院召开的全国清理拖欠工程款电视电话会议上，中共中央政治局委员、国务院副总理曾培炎指出，政府投资工程项目拖欠比重高、影响大，解决政府工程拖欠是完成清欠任务的关键，直接关系到政府的信用和形象。③

如下原因都会直接或间接导致政府项目拖欠工程款：

（1）尽管有些市政建设、环境保护项目的合同不是以政府名义与承包商签订的，但是实际上，合同的真正履行者是政府。当地方政府官员不顾财政实力盲目上马项目时，政府往往不能按时支付工程款，而绝大部分工程承包商对于政府是不敢大胆采用法律手段的。

（2）"形象工程"和"政绩工程"类建设项目中大多本来就不具备条件，特别是资金条件。由于地方政府的主动介入和干预，这些项目无须认真论证，甚至未经论证就仓促上马，而且常常不切实际地被要求在指定期限内竣工。在这种建设资金筹措存在困难、工程质量又难以保证的情况下，极容易产生纠纷，继而拖欠工程款就是一个不可避免的问题了。

---

① 巫泽华. 中国建筑行业债务链形成原因与对策探讨 [J]. 广西城镇建设, 2006 (6).
② 孙建平, 孟庆鹏. 担保法与工程担保的法律配套性研究 [J]. 辽宁广播电视大学学报, 2006 (4).
③ 宿辉. 投标担保的法律分析 [J]. 吉林建筑工程学院学报, 2005 (2).

（3）有些工程项目立项审批时，由国家投资的那部分资金有了保证，但对地方自筹资金部分是否落实审查不严，甚至审批时就留有缺口，造成建设项目在资金投入上先天不足。

（4）有些国家投资项目，突破原来的投资计划，且未能及时追加投资，造成部分资金缺口。

从表4-2可以看出，工程拖欠款的增长幅度虽有所下降，但欠款总量仍在增长。2003年底拖欠款比2002年底增加了304亿元，考虑到当年清欠的因素，实际上2003年新增的拖欠款总量要大于304亿元。一边清理拖欠，一边又大量发生新的拖欠，这种现象应引起高度重视。此外，被拖欠工程款的建筑业企业数量也逐年增加。统计数据表明，2001年底，建筑业被拖欠工程款企业达24859家，占全部建筑企业的54.2%；[1] 到2003年底这一比例达到49.2%。[2]

表4-2　2001-2003年建筑业企业被拖欠工程款增长速度及影响深度

年份	被拖欠工程款 （亿元）	建筑业总产值 （亿元）	被拖欠工程款 增长速度（%）	拖欠款影响深度 （%）
2001	2787	15362	13.2	18.1
2002	3365.62	18527	20.8	18.2
2003	3669.53	23084	9	15.9

注：①2002年及以后年度数据均仅指具有资质等级的总承包和专业承包建筑业企业，不包括劳务分包建筑业企业；②被拖欠工程款增长速度=（当年被拖欠工程款/上年被拖欠工程款-1）×100%；③拖欠款影响深度=当年被拖欠工程款/当年建筑业总产值×100%。

（三）建设项目业主支付保证担保的定义及作用

支付保证担保实质上是履约保证担保的一种类型，通常是指在执行双务合同时，由对等金钱给付责任一方，向先行劳务给付方提供的保证担保。在建筑市场

① 盛春奎，王旭峰，徐伟. 中国推行工程担保制度的探讨 [J]. 建筑技术，2004，35（8）.
② 王明亮. 2003年建筑业企业被拖欠工程款3670亿元 [J]. 建筑经济，2004（7）.

中，要求业主提供的担保主要指建设项目业主支付担保。建设项目业主支付担保是建设项目业主的履约担保，是指业主通过具有合格资信的担保人（机构）或财物为其提供担保，确保业主将按照合同规定的支付条件，如期向承包商支付工程款，在业主不按合同履行支付义务时，将由保证人代向承包商履行支付责任，或通过财产物品的拍卖等途径补偿承包商的损失。

目前国际上采用的担保品种主要可以分为两大类：一类是担保承包商对业主的合同责任的品种；另一类是担保承包商对分包商和材料供应商的合同责任的品种。

从理论上讲，业主对承包商也负有相应的合同责任，[①] 但国际工程中却几乎找不到担保业主对承包商的合同责任的担保品种。美国是最早开展工程保证担保的国家之一，在开展保证担保项目的种类中，唯独没有"建设项目业主支付保证担保"。但美国极少出现业主拖欠工程款事件，除了其具有成熟的建筑市场和完善的管理制度外，美国法律赋予建筑施工企业的留置权也功不可没[②]。前文中已具体阐述了我国《合同法》中"留置"在建设工程上的应用条款未在实际工程建设中发挥应有的效用、起到保护承包商合法利益的原因，此处不再赘述。

鉴于我国目前业主支付风险问题严重，工程资金不到位就开始建设的问题比较突出，应强制规定业主提供支付保证担保。[③]

（四）推行建设项目业主支付保证担保的意义和作用

在工程项目建设过程中，业主的义务大致可以分为两大类：

1. 业主对公众的责任

业主对公众的责任受行政法的调整。该类义务包括：对土地的合理开发利用；就工程项目开发承担起对城市功能、城市景观、生态环境、市政设施等相应

---

① 江文博. 解决工程款拖欠的应对之策 [J]. 财会通讯·综合, 2005 (3).

② Thelen Reid, Priest L. L. P. New York Mechanic's Lien Law Bars Recovery for Work for Private Developer When Public Benefit Corporation Owns Underlying Land. January 2001.

③ 庄克平, 吴奕. 无效合同是否享有工程价款优先受偿权 [N]. 江苏法制报, 2012-08-14.

的维护义务。

2. 合同责任

合同责任受合同法、担保法等民事法律的调整。该类义务主要是支付义务，包括设计费用的支付、监理费的支付、施工工程款的支付、材料设备采购费用的支付以及其他支付义务。

引起各方关注的工程款拖欠问题正是业主不能依约履行第二类义务的结果，业主支付保证担保也正是直接针对业主此类义务，尤其是针对施工工程款的支付义务。

我国为了解决工程款拖欠问题，有关部门颁布了很多法律法规，例如：《建筑法》第八条明确规定，建设项目的开工条件之一，必须落实建设资金；《招标投标法》第九条规定"招标人应当有进行招标项目的相应资金或资金来源已经落实，并应当在招标文件中如实载明"。建设部颁布的《建筑工程施工许可管理办法》中也明确要求将建设资金的落实作为申请施工许可的前提条件。但以上规定在实际工程中并未得到认真贯彻执行，经常出现建设单位没有足够的建设资金以及施工企业垫资承包等情况，严重影响了工程建设的进度和质量。

推行建设项目业主支付保证担保，通过第三方保证人的介入，充分利用信用机制和利益约束机制，规范业主行为，强化业主自觉履约意识，保障承包商合法权益。[①] 推行建设项目业主支付保证担保有如下作用：

（1）根据《担保法》规定："已经承担保证责任的保证人，有权向债务人追偿。"担保人要求业主提供的反担保，使业主违约产生的损失最终仍由业主自己承担，所以业主必然会在主观上消除不认真履约的动机。这就大大增强了业主履约的自觉意识，减少了违约事件的发生。

（2）即使业主由于种种非承包商责任的原因而无法及时地支付工程款时，承包商还可以根据担保合同向担保人索赔。由于担保人往往是资金实力雄厚、信誉良好的金融机构，因此承包商能够比较及时、便利地获得工程款，确保工程建

---

① 江文博. 解决工程款拖欠的应对之策 [J]. 财会通讯·综合，2005 (3).

设顺利进行，同时使承包商自身正当利益也得到了保障。

（3）有助于彻底解决我国工程建设领域存在的工程款拖欠、三角债、垫资承包及因付款问题导致的各种纠纷①。

（4）由担保人从自身经济利益出发，参与工程款项支付监督，使政府从微观监督中解脱出来。

3. 银行业开展建设项目业主支付保证担保的方式

鉴于业主支付担保的特点，可由银行作为业主支付保证担保的承保主体。一方面，提供业主支付担保，其目的在于保证建设资金的及时到位和按时支付，对专门技术支持的要求较低，因此银行，特别是建设项目业主的基本账户所在行非常适合提供业主支付担保。另一方面，由于任何款项的支付都需通过银行，所以基本账户所在行便于监督管理资金。具体操作方式如下：

（1）业主向银行提出申请之后，银行对业主的资信状况、财务状况、项目融资渠道、资金到位情况等做出较为严格的调查审核。

（2）在工程项目建设过程中，作为担保人的银行有权利对业主建设资金的安排使用情况进行监督管理，以确保业主如期支付工程款，防止出现担保银行代为赔付的情况。

（3）业主支付保证担保的保额按工程承发包合同确定的付款周期实行分段滚动担保，本段清算后进入下一段。业主支付保证担保额度不低于工程中标价的10%，且一般不低于每个付款周期的付款额度。

（4）建立建设项目业主信用档案，记录其付款履约情况，便于日后调阅。

二、承包商付款保证担保

实行总分包体制是建筑生产组织的基本模式，法律保护向承包商提供劳动的分包商之受偿利益。与建设项目业主和承包商之间的关系相类似，分包商/材料

---

① 陈靖. 拖欠农民工工资现象的成因及法律对策［J］. 经济师，2005（1）.

供应商与承包商之间同样存在劳动/商品提供与金钱给付的对等关系。基于有必要在建设工程领域推行建设项目业主支付保证担保，为防范总包商拖欠供应商和分包商的货款和工程款，有必要通过承包商付款保证担保，确保承包商及时按合同规定向供应商和分包商付款，保护供应商和分包商权益。

美国未施行"建设项目业主支付保证担保"，但要求承包商提供付款保证担保。值得注意的是，付款保函是向业主提交的，保证的内容却是向工人、分包商、材料供应商及时付款。不难看出，承包商付款保函除了保护工人、分包商、材料供应商的利益外，本质上还是为了防范由于总包商拖欠工人、分包商和材料供应商款项造成工人罢工、材料供应和工程建设中断，导致工程工期延误，最终导致建设项目业主的利益受损。

为了协调工程项目建设过程中的各方关系，保证工程项目的顺利实施和质量、工期等预期目标的实现，建设项目业主可以要求承包人提供按时向分包人进行工程结算付款的保证担保。一旦承包人违约，无理拖延对分包人的合同付款，将由保证担保人负责支付，以确保工程顺利开展。

由于承包商的付款与业主的支付是相联系、相制约的，因此，两者的保证担保有很强的关联性。我国屡屡出现因业主拖欠承包商工程款，承包商又拖欠民工工资这样严重的三角债事件，给建筑行业及社会经济的运行带来巨大负面影响。因此，业主支付保证担保和承包商付款保证担保具有同等的意义和作用。

承包商付款保证担保与业主支付担保具有相类似的特点，属于提供支付担保，目的在于保证款项的及时给付，赔付方式为简单的货币支付方式，对专业工程知识的要求较低，这就避开了银行缺乏工程违约责任认定经验的缺点，非常便于银行操作，所以在实践过程中，适合由银行作为承保主体。

三、预付款保证担保

工程合同签订之后，业主一般要向承包商支付一笔工程预付款，以解决工程开工所需的资金、用于购买工程建设有关的物资及支付有关费用等。工程预付款一般为合同总价的 10%-25%，为了保证工程预付款用于工程建设上，防止承包商挪作他用、携款潜逃或宣布破产，合同中一般规定承包商必须向业主出具预付款保证担保。如果承包商不履约或不按合同规定使用预付款，业主便可以申请预付保证项下的索赔。

预付款保证担保金额一般等于预付款总额，由于预付款是业主分期从支付给承包商的工程款中扣除的，因此，预付款金额是递减的，预付款保证的金额也应随之递减。

承包商在结算时可要求业主出具保证金额减值的通知交由保证担保银行确认，或者凭业主付款账单中写明的扣款数额发出保证减值的通知书，由业主和保证担保银行共同确认。

预付款保证的有效期从承包商收到预付款后开始，到预付款扣完时终止。待预付给承包商的工程预付款全部抵扣完毕，业主将预付款保证退回给承包商，承包商将其退回担保银行处注销。

四、承包商履约保证担保

20 世纪 80 年代初，由于利用世界银行贷款进行经济建设，作为工程建设项目管理国际惯例的工程保证担保也被随之引入，主要应用于外资或一些合资的工程建设项目，以及部分重点市政工程，而在国内投资的项目基本上未予开展[①]，而且缺乏专门的法律的制约。

（一）发包方面临承包方责任风险

我国长期实行建筑施工企业资质管理，并对建设工程划分规模等级，采取企业资质与工程规模等级相对应的承发包方式。《建筑法》明确规定施工企业不得越级承包、不得挂靠承包、不得非法转包等，然而在实践中，由于工程的计价采取按企业资质等级不同的取费标准，以及在工程投标时为取得承包资格，施工企

---

① 宋金灿，黄兴宇．工程担保机制在建设工程管理中的应用 [J]．中国工程咨询，2005（2）．

业往往采取越级挂靠承包等违规行为。在这种情况下签订的建设工程承包合同，存在合同主体不合格的缺陷，潜伏着极大的履约风险。

合同当事人主体合格是合同得以有效成立的前提条件之一。而合格的主体，首要条件应当是具有相应的民事权利能力和民事行为能力的合同当事人。即防止两种倾向：一是虽然具有上述两种能力，但不是合同当事人，即当事人错位，也是合同主体不当；二是虽然是合同当事人，但却不具有上述两种能力，同样是合同主体不当。

承包人如不能按合同规定的时间、地点、方式、标准或要求正确履行合同义务，其中任何一项行为的不规范、不到位，都将构成发包人的风险。

（二）履约保证担保的定义及作用

履约保证担保是指合同当事人的权利方，要求对方全面正确履行合同义务，并对其行为和效果承担责任的保证担保。2000 年 1 月 1 日施行的《中华人民共和国招标投标法》从法律角度为实行履约担保做法做出了规定：第四十六条规定"招标文件要求中标人提交履约保证金的，中标人应当提交"；第六十条规定"中标人不履行与招标人订立的合同的，履约保证金不予退还，给招标人造成的损失超过履约保证金数额的，还应当对超过部分予以赔偿；没有提交履约保证金的，应当对招标人的损失承担赔偿责任"。

建设工程的履约保证担保，通常是指承包商的履约保证担保。即银行或担保机构等，以保证担保人的身份对承包商的履约行为所进行的责任担保。保证担保人提供的履约保函，意味着担保人对被担保人能够正确地履行工程合同义务，包括按时开工、正确投入工程所需要的技术与管理能力，保证工程质量、安全和进度目标要求等所给予的信任和证实。[①] 一旦出现承包人违约，担保人有责任首先按照合同规定的质量、工期、造价等继续履约，直至承担赔偿责任。[②]

---

① Edited by the Engineering Management Branch of the Architectural Society of China. Proceedings of the Annual Meeting of the Engineering Management Branch of the Architectural Society of China [M]. China Construction Industry Press, 2003.

② 李晓斌. 突破建设领域拖欠工程款问题的瓶颈 [J]. 建筑经济, 2004 (3).

在工程建设活动中推行承包商履约保证担保制度，通过担保人的介入，加强对承包企业的资信审查与监督，规范对承包企业的管理，净化建筑市场，[①] 淘汰资信差、实力弱、管理与施工质量差的承包队伍。

（三）银行业开展承包商履约保证担保的方式

承包商履约担保对专业技能依赖性较大，因为在承包商履约保证担保中，如果是非发包人的原因，造成承包人没有履行合同义务，保证担保人应按下述办法承担其担保责任：

（1）向该承包人提供资金、设备、技术援助，使其能继续履行合同义务；

（2）直接接管该工程或另觅经发包人同意的其他承包人，负责完成合同的剩余部分，发包人只按原合同支付工程款；[②]

（3）按合同约定对发包人遭受的损失进行赔偿。

以上责任说明，承包商履约保证担保更注重合约的继续履行，而不是以经济赔偿为首要目的，即一旦出现被担保的承包商违约，首先要求保证担保银行能按照合同规定的质量、工期、造价等继续履约，而不是简单地仅仅赔偿一笔款[③]。它比采用保证金的担保方式能在更大程度上保护工程发包人（业主）的利益，因为业主投资的最终目的是作为固定资产的工程产品的实现，而不是耗费大量精力后得到相应赔款。从这个角度上讲，单纯的银行保函没有实现保证担保的真正意义，即保证工程的完成，只是承担了赔偿的责任。倘若要求银行真正"保证"承包商完成工程建设，无疑增加了银行作为保证人的难度，因为银行除了资金充分外，并不善于向承包商提供技术援助，更不擅长接替承包商履行施工合同剩余的义务，一般采取对招标人进行赔偿的方式。

承包商履约保证担保，可实行全额担保，即合同价的100%，也可实行分段滚动担保，如按合同价的10%－15%（参考值）。根据我国实际情况，现阶段宜

① Russell J. S. Construction Contract Bonds ［J］. Journal of Management in Engineering, 1991, 7 (3).

② Russell J. S. Surety Bonds for Construction Contracts ［M］. ASCE Press, 1999.

③ Jones G. W. Performance Guarantees of Construction Contracts: Surety Bonds Compared to Letters of Credit as Vehicles to Guarantee Performance ［J］. The International Law Review, 1994.

采用分阶段滚动担保。

由于承包商履约保证的担保金额较大，专业担保公司往往采用分保方式，解决自身经济实力不足的问题。但分保有很多缺点，例如，操作时间长、效率低、责任难以划分等。银行的资金比较雄厚，参与履约担保时，在这方面有很大的优势，特别是在一些大型项目的担保上，能够独立完成担保。

专业担保公司在专业技能方面虽然更胜一筹，但当前我国工程保证担保制度尚不健全，工程保证担保行业和市场管理还不规范，工程保证担保施行所需要的基础工作、技术水平、信用环境等与发达国家也有差距。因此，银行业在专业工程担保机构尚不成熟的情况下，可暂时成为此类担保业务的主体。

银行可考虑如下方式弥补自身专业知识的缺乏：

（1）成立专门的部门，吸纳和培养专业人才。

（2）向专业工程公司转让银行不擅长的工程专业业务，以降低费用，减少损失。

（3）与专业公司合作，共同为一个工程项目提供担保，分散担保责任。当承包商不能继续履约时，由专业公司提供技术上的援助，由银行提供经济上的资助，以完成工程建设项目。

第四节　银行业工程保证担保产品定位的适用性分析

商业银行作为金融行业的核心机构，在社会生产、生活和各种经济活动中，历来都承担着信用保证担保的作用。但由于工程保证担保不是一般意义上的对经济合同关系中债务人的履约能力、行为和责任进行的经济担保，更重要的是在工程履约保证担保的条件下，一旦被担保人不能全面正确履约，担保人要有能力扭转或补救这种局面，从继续履约的角度，保证债权人免遭损失或者把损失减少到最低。

一、整合工程保证担保核心产品

在我国，银行业的保证担保业务有很高的信誉和很强的优势[①]，这是经济基础和国家经济体制所决定的。随着我国工程保证担保制度的建立和完善，许多担保机构应运而生，工程保证担保将成为一个新的行业。

进一步，随着工程保证担保市场成熟与细分，银行业应该结合工程保证担保行业的实际需要和银行业的自身特点，正确选择保证担保的核心产品，有所为、有所不为，集中精力经营核心产品和拳头产品。在尚有余力的情况下，加大力度进行深度开发、提高承保经营水平，推进工程保证担保健康有序发展。

当前银行业应该把建设项目业主支付保证担保、承包商付款保证担保、预付款保证担保以及承包商履约保证担保作为核心产品。因为这四者都带有履约保证担保性质，也可总称为建设工程履约保证担保系列产品，其关系如图4-2所示。

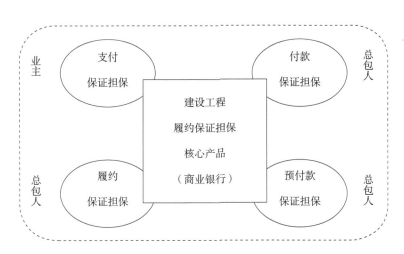

图4-2　银行业工程保证担保核心产品结构

[①]　任兰英. 国际融资担保中银行保函的效力及其风险防范 [J]. 金融理论与实践, 1998 (2).

以上四类保证担保产品作为商业银行在工程建设领域开展保证担保业务的系列核心产品，其理由是：

（一）彼此间相关性强

业主的支付和承包商的履约是工程施工合同双方对等的权利义务关系，建设项目业主支付保证担保与承包商履约保证担保，任何一种缺失都不利于建立平等的承发包关系。同理，业主向承包商给付工程预付款并要求承包商提供预付款保证担保也是相对应的。

承包商付款保证担保的施行，一方面，可化解因为承包商不及时支付而导致材料供应商中止供货或工人罢工，从而影响工程的建设，使业主利益受损的风险；另一方面，承包商支付给供货商或工人的货款和工资的经济来源有赖于业主是否及时支付工程款。因此，建立承包商付款保证担保既是业主的期待和需要，同时又依赖于业主的支付条件和诚信度。

（二）周期长，覆盖面宽

建设工程项目的实施周期长，履约保证担保在工程合同签订前开始，持续到工程竣工验收交付使用。履约行为所涉及的主体及其权利责任关系主要是业主、总承包商和分包商，其中任何一个环节的失约失信都将给工程项目的顺利完成及各方的利益带来损失。因此，上述四类工程保证担保工作的顺利开展是解决工程建设其他问题的基本保障。

（三）有利于抓大放小

对商业银行而言，保证担保等信用业务面向整个社会经济系统，工程保证担保仅是其中一个方面。这四项保证担保涉及金额较大且维系着建设工程施工合同主体之间最基础和最根本的权利义务关系，在我国目前的条件下，银行业把它作为核心的工程保证担保产品，有利于抓大放小，集中优势技术和人员，做好做强；也有利于提升我国工程保证担保行业的总体水平和信誉。

二、提升工程保证担保核心产品经营力

核心产品的选择在于指明了银行业经营工程保证担保产品的方向，在诸多工程保证担保需求的情况下，银行应本着有所为、有所不为的原则，抓大放小，把核心产品的经营做强做大，这就是经营的定位问题。

银行业工程保证担保核心产品经营力的提升，需要通过行业内部经营管理体制、业务运营机制以及配套的科学管理手段与方法的开发应用等许多途径，促使产品经营服务质量进一步提高，降低保证担保风险，在取得合法业务回报的同时，为工程建设行业保证担保制度的建立和实施发挥其示范作用。

第五章 银行业工程保证担保的
内部机制建设

本章从研究银行保证担保的机制出发，发现银行参与保证担保的风险，提出合理的运作模式，从而减少银行开展保证担保业务的风险，充分发挥银行在保证担保领域的实力，完善银行保证担保制度，促进我国建筑业的发展。

第一节 银行业工程保证担保内部机制存在的问题

一、存在问题的主要表现

（一）风险意识与防范能力不足

银行开展保证担保业务面临来自各担保关联方及合同条款等的诸多风险。但在实际业务中，银行往往重贷款业务的风险防范，轻银行担保风险的防范，认为银行担保只是银行的中间业务，属于银行的或有负债。有些银行业务人员还认为独立银行保函不动用银行的资金，不会危及银行的经营安全，因而在日常经营中没有把独立银行保函的风险防范摆到应有的位置，对独立银行保函的法律风险疏于防范。

我国企业信用机制不完善，银行没有一套行之有效的可操作性的预警指标体系，对独立银行保函的风险产生难以做到提前预测，普遍缺乏独立银行保函的风险防范措施和手段。

（二）受理审查与决策不规范

由于许多银行办理保函业务的人员有限，加上操作规程又不明确，致使实际业务操作往往不是很规范。对被担保项目的市场前景及效益审查不仔细，从而向一些资信较差、项目效益不理想的担保申请人提供了担保，给银行的经营安全留下隐患，增大了独立银行保函业务的风险。

（三）跟踪监管机制不健全

由于监督管理机制不健全，担保银行在对客户提供了担保以后的监督检查工作十分薄弱，主要体现在以下三方面：第一，缺乏对担保申请人的跟踪管理和监督检查；第二，缺乏对被担保项目的建设、经营、管理及效益状况进行跟踪检查；第三，缺乏对受益人的跟踪检查。

对被担保人以及被担保项目发生的不利于独立银行保函安全的事件的发生难以及时掌握并采取相应的应对措施，加大了独立银行保函的风险程度。

（四）信用管理支持手段落后

企业资信信息的透明度比较低，各种数据分散在政府各个部门，资信评级指标体系还没有统一起来，缺乏规范性，从而导致评级结果偏离实际。

（五）应变和对突发事件处理能力差

建设工程的保证担保涉及从工程投标担保到履约过程，以及工程款的最终结算支付，时间跨度长，情况复杂，影响因素变化随机性大，容易发生一些突发性事件，甚至欺诈套保行为等。面对这种情况，担保银行往往束手无策，难以进行化解和控制。

二、内部机制存在问题的原因

（一）受传统担保观念的影响，对工程担保的特点认识不足

在长期的社会经济活动中，银行业保函业务和票据业务涉及的范围相当广泛，已经形成一套特有的工作模式和程序，一般存在"先存钱后担保、存多少保多少"的操作惯例。担保银行更多的是从债权债务的关系上，对债务责任进行保证担保，使债权人的合法权益得到保障。但是，建设工程的各类保障担保，有其特殊性，除了一般意义上的保证担保之外，更重要的是要保证工程建设的正常实施。因此，担保银行介入对被担保人的逆向审查和道德风险防范，是整个保证担保过程极为重要的工作，不但要求担保银行自身要具备充分的组织条件和技术条件，同时还需要有健全的运作机制。长期以来，银行业没有充分重视这方面的机制建设，所以尚不能完全适应市场的需要。

（二）缺乏行业规范性的业务指导和监管

迄今为止，保函业务还没有各国银行普遍遵从的国际统一惯例，业务规范和法律制度都不够完善，各个银行出具的保函内容条款不统一。我国工程保证担保制度尚处在探索和试点阶段，担保行业初具雏形，专门的工程担保机构尚未形成，行业组织和监管体制还没理顺，宏观机制不健全，缺乏对具体担保机构业务的统一要求和指导，在行业监管方面也比较松散。因此，银行业的工程保证担保长期处于低水平的运行状态。

（三）缺乏市场需求分析，分散产品经营能力

由于工程保证担保产品的品种繁多，银行业没有很好地进行市场需求分析，没有针对性地结合商业银行的特点和优势，确定核心产品，加强担保机制建设，在有限资源和能力的条件下按照有所为和有所不为的原则，经营好对工程建设作用大、有影响力的担保产品，以至于分散能力，未能形成自己的优势和特色。

（四）担保从业人员素质不高

工程保证担保业务是一项需要运用到工程、金融、法律及外语等多方面知识的业务，对业务人员的素质要求比较高，它要求业务人员能掌握多方面的知识和技能，准确把握业务发展的态势及社会经济发展的状况对银行业务发展的影响，然后及时采取应对措施，并且能够全面细致地把握合同条文的制订和审核。目前，银行的相关人员缺乏专业培训，专业素质不高，达不到业务发展对人的素质的要求，导致保函业务的具体操作不规范，缺乏系统性、公正性和科学性，增加了违约率和赔偿风险。

三、银行保证担保机制建设的必要性

（一）对我国保证担保制度不完善的弥补

我国担保行业组织管理与经营无序，保证担保机构设立不规范，对机构的承保标准也没有明确的规定，许多机构超出自身实力承保，造成极大风险。

我国没有明确规定保函的种类、格式、额度及责任条款，保证人在开展保证

担保业务时，只能边摸索边实践，业务办理效率较低。并且担保合同可能存在一些预先没有考虑到的不利条款，保函费率订立也不合理，订立过高申请人无法接受，过低使保证人本身面临亏损风险。

同时，我国缺乏对工程保证担保的有效监管制度。担保银行内部必须建立完善的资格管理机制，避免越权开展业务等行为的发生；同时必须制定完善的保证担保业务标准，提高办事效率，降低业务风险。

（二）对政府工程管理不完善的弥补

建筑产品的生产和交易方式的特殊性以及对政策的敏感性等决定了建筑产业的高风险性，尤其是一些大中型工程项目，由于投资规模大、建设工期长、涉及面广，因此，潜伏的风险因素相应较多。实践证明，政府对工程管理有心无力。

银行作为担保人，为了规避风险，同时因为银行在监督承包商履约和违约后事务处理等方面的劣势，银行更要加强经营机制的建设，特别是加强资格审查机制的建立，对项目工程进行严格的审查。

（三）对诚信缺失现象的弥补

我国建筑业目前诚信缺失现象还十分普遍，工程层层转包、建筑质量和安全事故频发，存在大量的投机取巧行为和假冒伪劣产品。

一方面，在工程招投标活动中，业主处于信息劣势，投标者处于信息优势。在招标过程中，投标人会掩盖自己的缺点，只表现自己的优势方面，甚至做出不利于竞争者的种种事端，以获得成功中标，招标人实力单薄，不能很好地区分投标人的真伪。

另一方面，银行与承包商有直接的连带责任，承包商违约往往牵连到担保银行赔付，如果银行所担保的工程出现承包商违约，银行势必会遭受一定的经济损失，因此银行必须对承包商进行审查，避免经济损失，并且在承包合同签订以后，银行要采取各种措施保证承包商履行合同约定的义务。

银行通过设计一套机制来甄别投标人真假混杂的各种信息，区别投标人综合实力的优劣，协助业主找到真正具有实力的投标人。由于事前筛选控制了投标人数量，并同时提高了投标人的素质，增大了有实力承包商中标的可能性，有利于业主利益与行业的健康发展。银行工程保证担保机制实际上起到了预先筛选和淘汰潜在劣质投标人的作用。

第二节　银行业工程保证担保机制建设的内容

银行业保证担保机制由前期审核的风险预控机制、银行保额及保费确定机制、保函的审批与控制机制及保函业务的日常管理机制等子项组成。

一、前期审核的风险预控机制

工程保证担保银行必须建立并保持一个全面、系统、客观、规范的工程保证担保受理的前期审核程序。当被担保人提出担保申请时，能够正确启动该审核程序，判断是否接受保证担保并作为确定担保条件和保证额度等的决策依据。图5-1所示为前期审核的风险预控流程。

（一）前期受理审核的内容

下文将列举工程保证担保银行对承包商进行担保审查的主要方面，通过这些方面的审查，工程保证担保银行就可以建立一个新客户档案，然后根据承包商情况做一个全盘的考虑（见图5-2）。

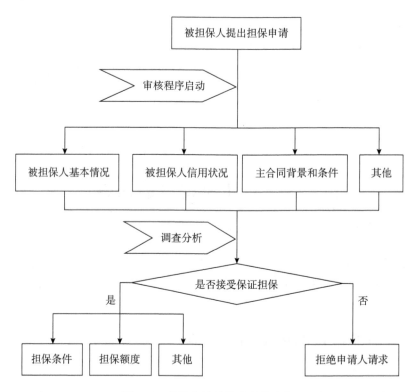

图 5-1　前期审核的风险预控流程

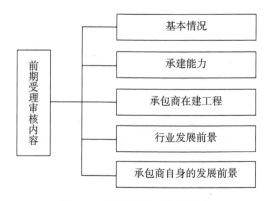

图 5-2　前期受理审核的内容

（二）基本情况审查

1. 承包商的基本情况及主体资格

工程保证担保银行通过调查分析如图 5-3 所示的各项基本情况，形成对承包商轮廓性的认识，从而进一步判断该承包商是否具备承揽项目的主体资格。

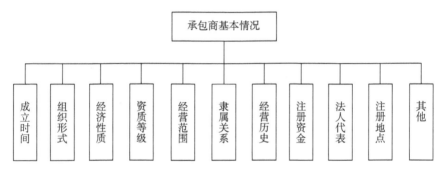

图 5-3　承包商基本情况

2. 生产经营情况

如图 5-4 所示，工程保证担保银行通过分析承包商近年经营情况，确定承包商的经营能力。

3. 承包商的资信

资信评级指标体系是从事评级工作的依据，也是衡量评级结果是否客观公正的标尺。图 5-5 展示了完整的资信评级指标体系的构成项目。

评级机构应采用完整的资信评级指标体系对被评估对象信用状况进行评价，以确保评价结果的客观公正，并且在根据市场变化对评级指标体系做相应调整时，注意保持整体一致性。担保银行在保证担保审查过程中，应该把建筑企业资信评级作为重要的参考依据。

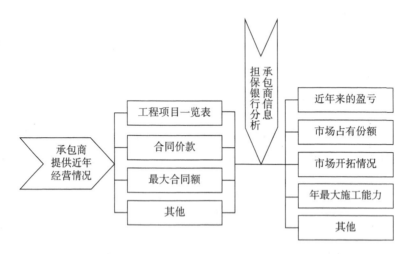

图 5-4　承包商生产经营情况

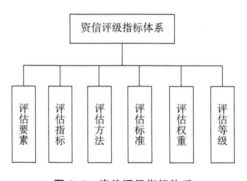

图 5-5　资信评级指标体系

担保银行要充分分析企业资信评级体系反映的情况。不仅要分析资信评级所反映的企业的综合能力，还要分析资信评级所反映的建筑企业的规模和技术能力、企业的偿债能力、承担风险的能力和进一步发展的能力。

企业资信评级体系反映的情况一般为历史情况，因此还要对近期的情况做审查。要了解以下情况：

（1）承包商是否恪守信用、处事是否公正、履行义务的时间观念是不是很强等；

（2）是否因信誉差、不诚实，被禁止参加公共项目的投标，是否和其他投标者密谋操纵投标；

（3）是否有过不能按质按量按时完成工程的违约行为；

（4）是否有过欺骗行为，如提供虚假的财务信息；

（5）是否曾因经济纠纷受到起诉。

4. 财务状况

（1）财务报表编制形式。将公司财务数据进行一定程度的分析，检查资产、负债、收入和费用的性质，并整理为通用的报表形式；检查记录交易的会计原理和程序，分析异常的项目或关系，向有关财务事项的责任人了解报表是否符合一般会计原理。

（2）收入确认方法。建筑承包商常用四种方法确认收入：收付实现制、权责发生制、工程完工制、工程完工百分比制。

收付实现制（现金制）只简单记录现金收支，不包括应收、应付账款，不能反映真实财务状况，也不能反映工程款的预支和资金垫付情况，体现不出实际利润水平；工程完工制只反映已完工程的成本和收益，不包含在建工程投入和预期收益；只有工程完工百分比制按完成工程的进度预估已实现的利润和尚需投入的成本，全面反映承包商当前和未来一段时间的财务状况，担保银行应只接受该种收入确认方法。

（3）报表分析。分析资产负债表、现金流量表、损益表。

（三）承建能力审查

1. 人力资源

人力资源是建筑市场经济中最为活跃的一个组成部分，承包商应具备熟悉国内外承发包业务、适应性强、工作效益高、竞争力强的高层次复合型人才。担保银行可以通过接触那些和承包商有过来往的分包商、业主、材料供应商等，进行调查和了解。

承包商的人力资源可以从以下方面加以审查：

（1）承包商具有高、中、初级职称的会计、经济类职称人员的人数及占职工总数的比例。

（2）承包商主要领导的年龄、学历、职称、语言能力、管理知识水平和管理能力。

（3）承包商的总经济师、副总经济师、总会计师、副总会计师是否配齐，这些高级人才的学历、是专职还是兼职及从事本行业的年限。

（4）公司拥有的项目经理人员数量及等级，管理人员的资历、数量与专业结构等。

（5）项目奖励的情况。

（6）承包商拟为本项目选派的人员情况。由于项目经理在项目实施中的特殊作用，所以一般情况下担保银行非常关心项目经理及主要项目管理人员的资历和经验等。

（7）员工的团结精神、开拓精神、决策能力和应变能力等，以及有无获得荣誉奖励或纪律处分。

2. 设备资源

担保银行可以从以下几方面对承包商设备资源进行调查：

（1）承包商现有设备的总量；

（2）设备在国内、国际的技术水平；

（3）设备的在用情况；

（4）目前可供调遣的设备情况；

（5）计划采购的新设备；

（6）本次工程所缺设备等。

3. 技术能力

建筑产品具有投资大、价值大、生产周期长、使用时间长、对安全和质量要求高等特点，因此对承包商的技术力量有较高的要求。在建筑行业，新的施工方法、施工工艺不断出现，掌握这些新方法、新工艺是完成施工任务的基本保证。一般认为：如果施工企业中具有较多高技术级别的工程人员、较丰富的施工设计经验、较高的资质等级，那么它就具有相对较高的履约能力。

担保银行可以着重从以下几方面来审查：

（1）承包商的技术管理制度是否健全，技术发展规划和执行情况；

（2）承包商取得过何种科研成果，在正式出版物上发表过多少学术论文，获得过何种奖励；

（3）承包商采用的新工艺、新技术、新设备数量及效果。

4. 经营管理能力

建筑产品工序连续性强，涉及面广，受自然环境影响大，对施工的组织管理要求较高。科学的组织管理是圆满完成建设项目的基本保证，是担保审查所需考虑的重要内容。经营能力审查主要包括以下几个方面：

（1）公司管理。担保银行关心公司的组织和人事管理结构，结构各部分的相互关系、职责范围、人员配备和经验技能等。主要审查：实际从事管理工作的人员数量及占管理人员总数的比例；各部门的部门结构，企业的各职能部门是否健全；承包商各项管理制度（如劳动管理、生产管理、全面质量管理、安全管理、材料管理、设备管理等）是否健全，各部门内部及所属各施工队、班组实行何种管理制度，这些制度是否符合现代管理制度的要求等；公司的培训经历和对员工的培训政策。

（2）承包商的经验和成绩。一般要求承包商提供近年来承担的类似工程情况一览表，包括合同名称、合同价款及类型以及承包商所附的相关证明材料，如施工合同、质量评定情况、业主评价情况等。同时，将欲承接项目所在地域与承包商传统业务地域进行比较，并将项目规模与承包商过去承接的项目规模进行比较，以此来判断承包商对欲承接的项目类型的熟悉程度。担保银行希望承包商承揽自己熟悉的工程，对其不熟悉的工程，应先承揽规模比较小的，再逐渐承揽规模大的。

（3）工程分包的数量和分包商的资格。如果预计将合同的某部分分包出去，担保银行要求未来的分包商应具有相应的组织能力、经验和资金，以确保工程项目的完成。同时承包商要说明其对分包的管理能力。

（4）公司主要客户名录、合作过的公司名称和地址、公司的采购网络及主要材料供货商名录等。

(四) 在建工程分析

担保银行应从多方面了解所要担保的工程项目，包括业主对工程的支持度、工程资金来源、工程权益人构成、工程的未来价值、工程的自然环境状况、工程的环境影响评价、承包商承建类似工程的经验状况等。

(五) 行业的发展前景

主要指该建设工程的业主所在行业的发展前景，分析年限一般为工程完工后五年。

(六) 承包商自身发展的持续性

担保银行还要考查承包商公司发展的持续性，一个公司的长期持续发展关系到该公司经济计划的长期贯彻执行，关系到违约的可能性，承包商的履约能力应该由现在及后续的发展来综合体现。

持续性指承包商持续发展前景和成长能力，承包商的发展前景和成长能力取决于承包商的经营目标、经营理念和经营决策水平。担保银行应重点考察承包商是否具有公平竞争观念、市场供求观念、效率效益观念和开拓进取的观念，是否能够凭借人力、客户、营销、技术、财务和社会等方面的努力，制定切实可行的经营目标，不断提升经营水平。

承包商的发展前景和成长能力是承包商履约状况的动力要素，也是推动承包商不断前进，改善履约状况的作用力，分析承包商发展的持续性应包括这两方面内容：

首先是承包商的发展前景。通常通过如下几个方面了解承包商的发展前景：该承包商在建筑行业中的地位；承包商在其所在行业主要工程中（如房屋、公路、桥梁、港口）能占有多大市场份额及每年完成的产值；企业实现利、税、新签合同额等的排名；企业的技术、管理水平在同行业中有何优势；企业在全国或世界范围内分支机构的数量及分支机构所在的地区或国家的建筑市场情况；承包商在建筑行业的声誉；承包商的发展规划；承包商今后几年的经济效益、产值、新签合同额的发展趋势；可能发生的重大事件；等等。

其次是成长能力。成长能力能够表明承包商履约能力的发展方向及程度，保证了承包商持续不断地发展。有的承包商当前履约能力不好，但是承包商的成长动力很大，发展潜力很足，履约状况被动的局面就会很快被扭转。

担保银行凭借经验及对承包商和市场的了解，同时参考一些公开的市场调查和行业分析报告，然后对该承包商发展的持续性做出判断。

由于大多数申请者都会在某一方面表现出弱点，但从风险的观点来看则可能是可以接受的。例如，承包商现金不多，但拥有大量的不动产，或者公司在某方面经验不足，却有许多在这方面够资格的人才，所以可以从事新的专业性工程等。因此，担保银行应根据承包商情况做一个全盘的考虑。担保银行在考察了这些情况后，可以根据不同的偏好，采用专家评分法，对各个因素赋以不同的权重，得出综合分数，计算出担保限额，即同意为承包商进行工程担保的最大金额。

（七）前期受理审核的方法

工程担保资格审查的方法主要有定性分析和定量分析两种。担保银行要全面评价一个企业，必须对企业进行全面分析，影响承包商履约能力的因素很多，有的属于数量方面，通常可用经济指标来表示；有的属于质量方面，通常要用文字来描述。由于定量分析只能对企业资信的一部分进行评价，因此除了定量分析以外，还要针对那些对企业的资信具有重要影响却又难以用数量指标量化的因素进行定性分析。

在企业会计信息发生重大异常情况或企业经营受客观因素影响的情况下，定量指标对评级结果不可避免地带有片面性。采用定性指标进行评级在一定程度上实现对定量指标评级结果的验证和补充，从而降低这种片面性产生的可能性。

企业的资信评级主要以定量指标作为主体指标，同时必须辅以定性指标。因为定量指标不可能涵盖影响企业资信的所有因素，特别是不能涵盖那些对企业的资信具有重要影响却又难以量化的因素。

在定量分析时必须先要确定标准值，可采用两种不同的计分标准进行评定：一种是根据经验确定标准值，可以采用专家咨询法求得，即聘请几位对指标有研究的专家相互讨论共同确定；另一种是按照建筑行业平均值确定标准值，可以体现行业特点，难点在于行业的平均值不易取得，而且每年都可能变动，需要每年调整。使用该指标体系时，应根据具体条件进行选择。

1. 定性分析方法

定性分析的内容很难用数量指标来表示，只能通过调查了解，用文字来加以描述，分析它们的优劣好坏。这种定性分析方法在资格审查中占有一定地位。

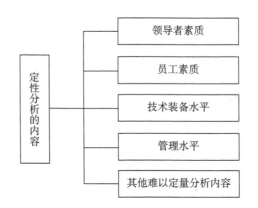

图 5-6　定性分析的主要内容

2. 定量分析方法

定量分析主要根据历史数据，通过经济分析指标，利用数量计算，以分析履约能力，主要有对比分析、比率分析、绝对数量分析、比重分析、趋势分析等方法。

（1）对比分析。对比分析是通过经济指标的相互比较来揭示经济指标的数量差异的一种方法。它是资格审查中极其重要的一种方法。通过同类指标的相互对比，就能计算出这项指标的数量差距。在资格审查中，通常都把经济指标定出一个标准，作为相互对比的依据。

（2）比率分析。比率分析是资格审查的主要方法，主要通过分析各种比率对企业进行评价。例如，流动比率是流动资产对流动负债的比率，反映了企业的短期偿债能力；又如，营运资金与在建工程总成本比率反映了企业是否有足够的资金来维持现有工程项目的后续建设。

（3）绝对数量分析。绝对数量分析主要用于衡量经济指标的绝对数量，比如总资产、现金流、公司员工人数等。

（4）比重分析。比重分析是衡量企业财务指标各分项目在总体项目中的比重或组成的一种分析方法，可以说明各分项目在总体项目中的地位。一般来说，分项目的比重越大，对总体项目的影响也越大。同时，通过连续几年各项目比重的对比，可以判断各项目的比重是上升还是下降。

（5）趋势分析。趋势分析是将承包商连续几年的相同财务指标进行对比以观察其成长性的一种分析方法。通过趋势分析，可以了解承包商在这一方面的发展趋势，如营业额增长率、利润增长率就可以判断承包商生产能力的发展趋势是向扩张的方向发展，还是向萎缩的方向发展，以及发展的潜力大小。

3. 前期受理审核的基本程序

前期审核的基本程序如图 5-7 所示，具体审核工作内容如下：

（1）成立资格审查项目组和专家委员会。在接受承包商申请后，组织成立审查项目组，并根据需要选聘有关咨询专家。项目组成员应具备如下条件：具有丰富的经济管理、财务会计和法律等方面的专业知识；熟悉工程担保资格审查业务，具有很强的综合分析判断能力；具有丰富的专业工作经验；坚持原则，秉公办事。咨询专家应具备如下条件：具有丰富的金融、建筑、法律等方面的专业知识；具有非常丰富的相关领域的工作经验；拥有相关领域的高级技术职称和相关专业的执业（技术）资格。

（2）制订资格审查方案。资格审查方案是项目组进行审查活动的安排，其主要内容包括审查对象、审查目的、工作要求、工作进度安排、项目组成员的分

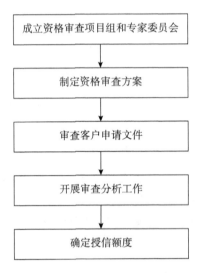

图 5-7 前期审核的基本程序

工安排等。

资格审查方案应由审查项目组制定，成立专家委员会的，审查方案应送交每位专家，并负责向所聘专家介绍审查程序。

（3）审查客户申请文件。承包商或业主提出保证担保申请时，须提供以下几个方面的文件或资料：工商注册的有关资料、资本及资产的情况、反映其盈利能力及专业技术能力的资料、过去履约情况的证明文件。担保银行在此基础上要广泛收集各方面资料，查找、核对相关情况。

（4）开展审查分析工作。根据承包人提供的资料和各方反馈的情况、施工合同涉及主要有关方面的情况、担保的期限、承包人以往的履约和诉讼记录情况、反担保的情况，采用定性分析与定量分析相结合的方法，得出结论。

（5）确定授信额度。经过审查，决定是否向申请人提供担保，并确定担保额度的大小。如果担保银行最终接受申请人的担保申请，提供保证担保，则当受益人在保证担保有效期内递交索赔申请时，担保银行要谨慎地审核受益人交来的保函规定的一切文件及当时银行与被担保人签订的保证担保合同条款，以确定它们是否表面上符合保函条款的要求。

（八）前期受理审核应加强对合同条款的审核

我国的施工企业在竞争激烈的市场环境中求生存，为获得项目，盲目地争取中标，在报价前，忽视对标书和有关合同条款认真研究及审查，如果中标后又不能签订合同，其投标保证金就将被业主没收；或者签了约，却不能按施工合同履约，损失就更大。这些都会增加担保银行的风险，因此，担保银行在出具担保函前，除了应对申请人的情况认真分析外，还应仔细分析招标书、合同及与各类保函相关的条文及条款，不能盲目地开具保函。

1. 涉及保函金额的条款

保函作为担保银行对一定金额的支付保证承诺，金额乃是保函的核心要素之一，它不仅体现着担保银行的责任限度，也反映了担保银行所面临的风险程度。在保函金额问题上，容易发生的风险往往由以下几方面的原因所造成：

（1）保函的金额不确定，其并非表现为某一确切的具体数值，而是仅以某一个基础合约的百分比数来表示。

（2）由于保函措辞不当，使担保银行的实际赔付责任超过了保函的金额限制，给担保银行自身或申请人一方带来了额外的风险并极易为此引起纠纷。比如，保函中经常可以看到类似这样的文字："我方同意赔付由于申请人未能圆满地完成其合同义务而给你方所造成的、或为此而发生诉讼或仲裁所引起的一切损失、损害、费用和开支"。这种表示就不妥当。

2. 涉及保函期限的条款

保函作为担保银行的一种或有负债，是纳入银行自身资产负债表的统计之中的，开立的保函越多、期限越长、金额越大，反映在资产负债表上的负债数额也就越大，这对于一个从事国际金融业务的银行来说自然是个不容忽视的数字，因为这将影响到该银行本身的对外形象、资信可靠程度、筹资能力、还债能力和信用等级高低的问题。

3. 涉及法律条款

对于保函的法律条文，通常保函应受签发地所在国的法律的约束和解释，但受益人往往要求其受本国法律的约束和解释。如果争执不下，可采用国际商法或第三国法律进行解释。

4. 涉及转让条款

严格地讲，保函是不可转让的，担保银行应尽可能避免开具"可转让"的保函。

5. 涉及保函索赔的条款

在审查索赔条款时，要注意以下四个方面的条款：

（1）保函中规定：受益人在提出索赔时，必须随附可以用来证明其已履行了合同义务，或表明申请人未能履约的文件（比如发运货物的提单副本、第三家检验机构的商检证明或检验报告、合同双方之间的往来函电、项目监理工程师出具的证明或签字认可的其他书面文件，其他第三者——如法律公证处、商会、行业公会等所出具的表明合同当事人行为或者不行为的证书或报告等）来作为对其索赔理由的支持和佐证材料，否则担保银行将不予受理。

索赔条款的拟定，采用的是类似法律上"无罪推定"的原理，即只有在受益人一方能够凭借某种单据或文件来证明其已履行了合约，或能够证明申请人存在着违约行为的情况下索赔才能得到受理。

（2）担保银行应在保函中声明：当其收到受益人的索赔后，只有在申请人一方无法提供相反的证明，来表明其事实上已经履约，或反过来证明正是受益人本身违约的情况下，担保银行才会履行其赔偿或支付责任。

规定受益人只有在能够提交仲裁机构或法院签署的仲裁书或判决书作为依据的前提下才能够提出索赔，担保银行仅凭仲裁机构的裁决或法院的判决来实施付款或免于付款责任。

此种类型的索赔条款一般在保释金保函中较为常见。这是因为，在保释金保函项下，担保银行于签发保函时往往无法知晓申请人在保函所涉及的海事纠纷或其他法律诉讼案件中实际应承担的赔偿责任，甚至不能确定申请人是否必须做出这样的支付。开立保释金保函的目的是能使申请人因案件所牵涉而被法院或其他有关当局留滞的船只或其他财产得以及早解脱，以便投入营运从而减少损失。由于是根据所保释的船只或其他财产本身的价值，或根据法庭事先规定的金额出具保函，因此，保函项下是否发生赔付，以及实际应赔付的金额等，都要根据法院的有关判决来确定，绝非仅仅依据受益人的单方索赔即予支付。此外，这种类型的索赔条款在一些大型机电产品、成套设备、飞机、船舶等大额出口合同项下的保函中也常有使用。

（3）索赔条款规定：受益人的任何索赔均需经申请人核实和同意，或经申请人签字确认后才能得到受理。类似这种索赔条款的规定，使保函项下的支付必须征得申请人一方的事先同意，因而从很大程度上降低了担保银行付款的可靠程度，削弱了银行作为交易中介的保证机制，事实上使保函所应有的银行信用或金融信用又转化成了申请人的商业信用。因此，在实际业务中往往难以为受益人所接受。

（九）前期受理审核应坚持科学的分析原则

1. 定量分析与定性分析相结合的原则

在担保审查中更多地使用定量分析的方法，使分析依据的采用更加准确、科学，分析结论更加明确、简捷，易于执行。例如授信额度，通过某个简单的数字，就将承包商的风险程度和决策依据清晰地表达出来。但是在实际评价过程中，由于如下原因，往往不能完全达到理想的定量分析要求：

（1）承包商的有些信息无法量化，即无法用量化的形式表达，如承包商的信誉和口碑等；

（2）有些量化的信息不十分准确，如承包商的财务数据。

在评价过程中，有些指标可以量化表示，可以采用定量分析方法，判断好坏。有些指标不容易或不可能用数量表示，例如企业素质、管理水平、外界环境影响等，只能通过实践经验、分析推理和主观判断来评定，必要时也可采用专家投票办法解决。这类指标如果强求要用数量表示，很难达到评价的真实性。因此，有效的资格审查应是在定量分析的基础上，将定性分析方法有机地结合起来。具体操作上可以先利用数字对过去的各种数据进行分析，然后在此基础上，对领导者素质、员工素质、管理水平等各种因素进行分析调查。

2. 静态分析与动态分析相结合的原则

所谓的静态分析，是指担保审查工作是依据承包商以往的或当前的信息做出的分析判断。但是，这种判断的准确性会随时间的变化而发生转变，担保银行根据这种变化，补充新的信息，调整分析结论，这就是所谓的动态分析。因为承包商的状况是在不断发生变化的，因此担保银行不能过分地依赖于静态的审查分析，必须兼顾动态的变化。

在进行静态分析时，担保银行应通过多渠道搜集信息，掌握充足的承包商信息，依据一定的方法（或模型），对承包商的履约能力及风险性做出分析判断。在静态分析以后，担保银行应不断跟踪、了解承包商状况的变化，使担保银行能够及时地获得承包商的新信息。

因此，担保银行的业务人员也应经常性地走访被担保的承包商，随时了解最新情况，并将与承包商接触过程中了解到的重要信息迅速地反映给担保银行，尤其是一些对承包商的履约能力起决定作用的情况，如核心业务调整、主要管理人员变更、企业改组等。

二、银行保额及保费确定机制

（一）保证担保额度的确定

当保证机构认为可以提供工程保证担保时，则先给予该承包商一个经评估确定的保证额度，即同意为承包商提供工程保证担保的最大金额。保证额度并不是担保银行承担出具保函义务的依据，其功能就是反映保证人与被保证人之间关系的一种参数，是一种最高的可能承担责任的界限，可以帮助承包商评价其投标能力和确定合同及储备规模。保证额度价值为总可动用资本乘以一个百分比（10%~30%，依据保证担保银行对承包商的能力评估而定）。

1. 担保额度的计算方法

Contract Contracting 一书提出了保证担保限额的计算方法，大多数专业保证公司都在采用：

担保限额＝净速动资产×乘数＋固定资产

净速动资产＝速动资产－负债

速动资产是指可以迅速变现的资产，如现金、一年内到期的债券、银行承兑汇票、股票等。乘数值由承包商的经营状况与工程规模及复杂程度来确定，或由专家打分确定。

当保证额度确定之后，保证额度与现在进行中尚未完工工程总价之差为保证机构将应允提供新工程的保证额度。净保证额度在核算承包商尚未完工工程额时，应将分包商提供的保证数扣除。当然，此时尚须考虑新工程的种类及工程的大小。保证额度计算公式如下：

未完工工程总价＝已保证的未完工工程总额＋未保证的未完工工程总额－分包保证额

净保证额度＝保证额度－未完工工程总价

2. 担保额度的审定

当承包商参与任何新工程投标，或提出履约保证担保申请时，都必须再度与担保银行接洽，此时，银行需要通过调查，最后决定是否可按计算担保额度提供保证担保，调查的主要内容包括：

（1）工程特性，包括工程所处环境等；

（2）承包商目前仍在进行中尚未完工的工程总数量以及工作情形，避免资金、机具及组织的过度扩张；

（3）工程合同的条件，以及所需保证的种类；

（4）承包商投标报价与次低标报价之差额；

（5）承包商过去曾完成同性质工程的最大金额数；

（6）分包工程量及分包商的资格，分包商应具备必要的组织、经验及资金来源；

（7）反担保。

银行在综合考察了上述情况之后，判断承包商有能力承接工程，保证可以接受；否则，将不予接受。

（二）银行保函的浮动定价

通常，保证人在提供保函或保证书时，就承担着风险，每一个保函或保证书就是一种资金信用，保证人提供这种信用要收取一定的费用，即保费。保费是对保证人承担风险的补偿。在实际业务中，银行通过对风险的权衡决定收取价格的高低。在工程保证担保业务中，这种价格通过担保银行收取的一定比率的保费体现出来。保费的制定通常要考虑如下因素：

（1）保证的种类和期限。金额越大，期限越长，包含内容越多，则保费越高。比如承包商履约保证，因其金额大，期限长，担保银行承担风险最大，因而保费也最高。

（2）申请人提供的反担保情况。通常来讲，申请人提供的反担保越大，保费越小。如果申请人提交100%的反担保，担保银行可考虑收取低额保费。

（3）债权人情况。如果债权人有着良好的合作诚意，担保银行可以考虑降低保费。

（4）申请人资信状况、财务状况及以往项目履行情况。

（5）工程项目的复杂程度、范围、规模、期限。

（6）同业竞争的需要。

在中国香港地区，保费收取一般按银行制定的标准征收，标准如下：首付5万美元，每月为1%/8，余下金额每月为1%/32。

在美国，保费费率主要根据美国保证协会发行的《损失成本手册》来制定。首先将各种工程合同分类，然后根据合同种类不同，确定不同费率。

保费并非一成不变，若承包商财力雄厚及经验丰富，则他的保费可享有较大折扣。保费依签约总价计算后，先行付予担保银行，当工程结束后，再根据最后完成总价而调整保费总额。

三、保函的审批与控制机制

保函是受益人索赔的依据。保函的严谨性直接关系到担保银行的利益，科学合法的保函条款可以有效避免银行面临来自被担保人的道德风险。如通过严格限制保函的期限，避免承担无期限责任；通过在条款中严格限制申请人或受益人修改保函的权利，避免承担不确定责任风险；通过坚持保函相对于主合同的独立性，避免卷入主合同纠纷。

（一）保函审批前对主合同的评审

工程保证担保银行应该加强对被担保主合同的订立过程和相关担保条款的运用进行指导和评审。比如要认真分析招标书涉及各类保函的条文及条款。

（二）保函风险转化措施的落实

担保银行为了赔偿后及时得到申请人及反担保人的补偿，减少道德风险带来的损失，应该建立完善的风险转化机制。一方面，要在合同中明确保函申请人应承担的责任和义务，使其条理化；另一方面，要加强抵押和反担保相关条款的利用，[①] 确保担保银行在赔偿受益人后能够得到足够的补偿，保护银行的经济利益。

---

① Ratterman, David B. Managing Risk: Insurance and Indemnity Clauses in Construction Contracts [J]. Modern Steel Construction, 2003, 43 (4).

（三）保函审批的权限管理

担保银行应制定并严格执行保函审批制度。科学严格地控制银行各分支机构的保函出具权，杜绝擅自开具保函的事件发生。具体包括以下几方面：严格按照银行规定的保证业务种类、程序和审批权限办理银行保函业务，严禁超越权限审批保证担保业务；银行内部职能机构不得以部门名义开具保函；严格按照规定范围受理保证担保业务，基层银行不得接受境外金融机构、企业、商社的担保申请，也不得为其经济组织的担保事项提供反担保；严格按照规定比例收取保证金。不得出具没有受益人的空头保函，或无担保事项、担保金额、担保期限和无限责任的保函；不得以其他有价证券代替保函；加强对保函的监控，严禁转让、贴现和用于抵押；因申请人账户资金不足以支付受益人债务而造成的银行垫付资金时，经办行应督促申请人在 1 个月内归还垫付资金，否则要依法向申请人、反担保人追索，或处置抵（质）押物；对于受益人或项目不明的保函要视同重要空白凭证进行管理。

（四）保函运用过程的监督管理

1. 无条件保函的监管

银行在出具无条件保函时应该要求承包商提供一定的保证金或反担保。当承包商缴纳百分之百保证金时，对于银行而言，正常情况下不会因为承包商违约而造成担保银行损失，一般无须对承包商进行经营上的监管，仅仅需要注意是否存在诈骗行为。对于国家来说，保证担保的目的是促进工程的完成，当承包商缴纳百分之百保证金时，无条件保函使承包商面临很大的风险，承包商一般不会选择违约，在这种情况下，对于业主的监管就显得格外重要，不仅要对工程款发放情况进行监管，而且要对业主的财务情况、经营情况、意外事故、业主所在行业动态、业主的股东变动等多方面进行监管，同时还要密切注意业主是否会有诈骗行为发生。

当承包商只缴纳一定比例保证金时，承包商违约对银行会造成直接的经济损失，银行要对承包商进行监管。

银行在对承包商进行监管的同时，还要对业主进行关注，及时了解业主动向，及早发现业主违约迹象，并连同承包商尽量阻止业主违约现象的发生。当银行得到反担保时，银行不仅要关注业主、监管承包商，还要对反担保人进行监督。

2. 有条件保函的监管

如果保函的赔偿必须依附于基础合同，这时银行面临的风险较小，但是业务却更加复杂，银行要协助和监督承包商履约，当承包商违约时，银行可能还要继续保证工程的完成，而不仅仅是赔一笔钱。

在这种情况下，业主无理索赔的可能性比较小，监管重点落在承包商身上。担保银行应重点了解以下方面：

（1）承包商是否有能力不足，缺乏承包相似工程的施工经验，难以有效地组织技术攻关，从而不敢承担继续履约的风险的情况；

（2）承包商是否有由于经营不善或工作疏忽而造成了亏损过多，无力继续履约，宁肯牺牲保证金而避免继续履约造成的巨大损失的情况；

（3）承包商是否有在履约一段时间之后，认为所得的利润已够，宁愿舍弃保证金，转而经营其他项目的情况；

（4）承包商是否有面临突发事件，如政局变化、通货膨胀、汇率变化、罢工等造成承包商违约的情况（特别在国际工程承包中，发生这些情况的概率比较大）。

如果承包商违约，银行要保证工程能继续完成，但由于银行在这方面的能力不足，所以可以采取委托监管的形式。

3. 委托监管

对于有条件保函而言，可以委托专业的机构监管，费用由银行承担。如果出现违约，也由监管公司负责事后安排。

四、保函业务的日常管理机制

工程保证担保银行的保函管理，贯穿于从前期受理审查到担保责任结束的全过程日常业务工作中。因此，建立和健全工程保证担保的保函责任制度、保函登记备案制度和保函的跟踪管理与赔偿处理程序等，是提高银行保证担保能力和效率、降低和化解担保风险的重要日常业务管理的机制。

（一）保函管理责任制度

担保银行应制定统一制度，规范业务操作程序；统一管理，明确管理责任；制定并严格执行保函审批制度；应组织人员，严格分析和制定保函条款。

（二）保函登记备案制度

工程保证担保银行通过保函登记备案，可连续及时地记载和保存开出的工程保证担保保函的所有初始信息和过程信息，包括保函申请人的基本资料及保函的相关材料。

保函申请人的基本资料包括：企业营业执照原件（在年检合格有效期内）；提交企业施工资质证书原件（主项增项符合招标条例，在年检合格有效期内）；提交企业属地省级建设行政主管部门的出省证明或介绍信；提交企业安全生产许可证原件；提交参加投标项目现场管理的建造师（或项目经理）、技术负责人、专职安全员、专职质检员的合法有效证书或上岗证；提交企业属地建设行政主管部门出具的无拖欠农民工工资和工程款证明。

保函的相关材料包括：①工程概况：施工地点；②承包合同金额；③相关负责人名单及义务；④担保申请人：基本情况、履约能力；⑤担保受益人：资信情况、项目批准文件、项目可行性；⑥保函情况：主合同（复印件）；⑦保函条款；⑧反担保措施。

保函登记备案制度对于保证担保信息的积累和应用有重要的作用，也是进行被担保客户的信用管理和风险防范的重要措施和手段。

（三）保函跟踪管理制度

1. 日常跟踪管理

经过可行性论证和反担保措施的落实及保函手续费的支付，并不意味着风险已经消失。银行在同一时期涉及的保证担保种类与数量可能是很多的，应安排专人负责担保的日常管理，包括：

（1）担保的登录，登录的内容有：担保的号码、名称、种类，最高金额，有效期，相应基础合同的名称及主要内容，申请人、受益人，已发生的索赔情况及备注。

（2）随时了解工程进展状况，有些担保如工程预付款担保，其金额一般随工程预付款的逐月扣还而减少，这时应注意调整保证金额，以免承担不必要的风险。

（3）担保到期应当及时撤销。

（4）担保到期如需延长，应要求说明理由，其理由必须充分才能办理延长手续，办理时应注意规定延长的起止时间以免承担不必要的责任。

（5）应处理好与申请人、债权人的关系，并注意他们的动向，防止债权人无理索赔。

2. 担保赔偿处理

当出现索赔时，担保银行要认真审查相关文件。通常，只有当受益人向担保银行提交合同要求的文件后，担保银行才能向受益人赔付。以下几类都属于此类文件。

（1）受益人在索款书之外另行出具的、就申请人已违反基础合同等以书面做出的具体说明；

（2）第三人（如鉴定人或工程师）出具的证明某种事实（如申请人违约）

存在的书面文件；

（3）仲裁庭或法院就基础合同争议所做的裁判；

（4）受益人和申请人就基础合同纠纷达成的书面协议。

第三节　促进银行业保证担保机制建设的措施

一、健全业务管理组织体系

银行应当建立由董事会负最终责任、管理层直接领导，成立工程保证担保部门为专门业务部门，在风险管理部门下设工程担保风险管理小组为依托，相关职能部门密切配合，覆盖所有相关业务部门的工程保证担保管理组织体系。

目前，银行在董事会下设立风险管理部门，负责信贷风险、贸易项下融资风险等风险管理工作。建议在风险管理部门下成立工程担保风险管理小组，小组成员除了应熟悉银行担保业务和管理流程，更应对工程担保经营风险及其识别、评估和控制等具备足够的知识和经验。

工程担保部门也承担部分风险审核工作，但该部门更主要的业务内容是从事与工程担保合同审核、信用额度审核、客户法人资料审核、工程担保合同和担保日期管理、客户信用分析、客户维护和随访等具体操作事务。

相比较而言，工程担保风险管理小组主要职责就集中在对客户的风险评估及防范上。其主要职责如下：

（1）对工程担保风险进行定性和定量评估，改进风险管理方法、技术和模型；

（2）合理地确定各类工程担保风险的限额，组织协调风险管理日常工作，协助工程担保业务部门在风险限额内开展业务，监控风险限额的遵守情况；

（3）资产负债管理；

（4）组织推动建立工程担保风险管理信息系统；

（5）组织推动工程担保风险文化建设。

工程担保风险管理小组应当全面了解工程担保业务面临的各项重大风险及其管理状况，监督风险管理体系运行的有效性，对以下事项进行审议并向风险管理部门或董事会提出意见和建议：

（1）工程担保风险管理的总体目标、基本政策和工作制度；

（2）工程担保风险管理机构设置及其职责；

（3）工程担保业务重大决策的风险评估和重大风险的解决方案；

（4）工程担保业务年度风险评估报告。

二、加强业务管理制度建设

相对于其他金融机构，银行业传统的资源优势和资金优势明显，因此，银行之间工程担保业务的竞争优势主要取决于银行的工程担保人才技术优势和组织管理优势。工程担保资源配置和经营管理能力的差异性和银行工程担保部门利用这些资源的独特方式，形成了银行之间各自的竞争优势和比较优势。建立工程担保内控制度和管理制度的目的是提高银行工程担保部门的自我约束意识，防范和及时发现经营风险，建立银行内部相互制衡机制，确保正确反映工程担保部门的经营效益，提高银行工程担保业务的核心竞争力。健全有效的工程担保内控制度可以监督和弥补银行管理功能可能存在的缺陷，使银行在市场环境变化和人员素质差异的情况下，实现银行工程担保部门的市场经营目标。

国际上一般对内部控制按职能划分为内部会计控制和内部管理控制两类。工程担保业务内部会计控制包括直接与工程担保业务财务记录可靠性有关的所有方法和程序，包括分行授权和批准制度、责任分离制度以及对财产的实物控制和内部审计等。银行内部管理控制包括与管理层业务授权相关的组织机构的计划、决策程序、控制环境、风险评估、控制手段、信息交流、监督管理以及各种内部规章制度的执行状况。

银行工程担保部门的内部控制管理制度建设包括价值链管理、部门组织结构管理、工程担保业务绩效管理、工程担保客户关系管理、部门价值管理、工程担保产品营销渠道管理、工程担保业务及服务质量管理、工程担保人力资源管理、工程担保部门业务人员激励约束机制管理等。按照银行总体的内部控制管理制度，银行与工程担保部门之间应该建立严格的管控机制和费率反馈机制，银行对工程担保部门的经营活动必须做到有案可查，及时指导，监控到位；同时，应建立严格的担保授予核准和担保赔偿核准分离制度，建立必要的审核制度和检查制度。

内资银行首先应该与发达国家担保机构建立联系和合作关系，学习发达国家担保机构的经营机制，以借鉴发达国家的经验来指导银行保证担保运作机制的建立。同时，加强对国际通行的内部控制管理制度的信息沟通和交流，增强银行管理者对内部控制管理的意识；其次，应注重银行内部控制管理水平和质量的提高，以适应竞争与合作的要求；再次，应加强对业务无序竞争的管控，在管理创新、服务创新、机制创新等方面开展竞争活动；最后，共同营造一种合作创新、共同发展的市场协作精神和协作方式，提高工程担保业务的获利水平和竞争力。

银行内部控制管理制度还必须引入有效的激励和约束机制，一是应该提高管理者和员工的风险控制意识，增强自觉遵纪守法的观念和氛围；二是制定切实可行的内部控制管理制度和监督检查制度，并在运行中不断补充完善；三是强化会计核算的内部控制系统，确保业务数据和报表的真实性和完整性；四是加强和保证内部控制管理制度的有效运行，加大银行内部稽核和外部审计的检查力度；五是建立和完善银行的法人治理机构，加强对决策者和管理者的监督和制约作用；六是加大对银行内部控制管理制度的检查和完善，确保总行对分行的有效监督和管理。

三、做好客户信息动态管理

客户信息动态管理是一个具有多学科交叉特性的新概念，这一概念的提出吸收了市场营销学、消费行为学和消费心理学等学科的研究成果，并且以许多研究领域为支持，比如知识管理学、计算机技术等。

　　动态客户信息管理就是基于客户理论，围绕客户信息建设不断地对其中的客户信息进行更新、修改，以及基于它进行的销售目标制定、客户维护、业务员行为管理、业绩考核、销售指导等工作的一种管理概念。

　　对于担保银行而言，一方面就是重视担保客户。以客户为中心，在风险可接受的前提下，为客户提供个性化的产品和尽可能周道的服务。另一方面就是对已做出的审查结论进行检测和监控。通过跟踪，随时对审查结论进行评价，调整审查方案，使审查结论能够与承包商的实际情况相一致，不断提高资格审查质量。

第六章　银行业工程保证担保的
风险管理对策

　　银行提供工程保证担保的主要职能是为被保证人增信，但毕竟银行是在不断变化的市场环境中开展业务，而绝非稳妥地处于安全位置，尤其是在经营工程担保业务的初级阶段，不可避免要面临来自经济环境、法律政策和被保证人的多种风险。保证担保是资金倍数放大的担保，申请人交纳相对少量的担保费，导引出银行以自身信誉和财力向被担保人提供数倍于担保费的完全履约保证。担保额度相对于担保费的级数倍放大，也是风险的放大。如果被担保企业属于发展较不稳定的经济群体，为它们提供工程保证担保的风险很大①。申请人自身经营风险高时，不仅自己有风险，还会给金融机构、政府带来金融、财政风险。相比较其他保证担保种类，建设项目本身价值较高，由此引起的违约担保赔付额相应较大。所以，风险的防范和控制，应是担保银行以及整个担保行业面临的首要任务。

第一节　银行担保风险的构成分析

　　党的十五大确立了发展社会主义市场经济的总战略目标，开始由计划经济向市场经济转轨的过渡阶段，原来的计划经济体制已经被打破，但市场经济的新秩序还没有完全确立，市场保障体系还未建立。在工程建设领域，由于没有完善的

---

① 陶红燕. 银行保函的风险及法律防范措施 [J]. 上海金融，1999（10）.

工程保障制度，工程建筑市场主体行为不规范，建设项目业主拖欠工程款、施工企业偷工减料、竞争无秩序。因此，银行开展保证担保业务，势必面临着种种问题，这些问题很可能直接造成银行的损失。

另外，银行在对工程担保业务进行定价时，风险是其最重要的决定因素，即风险大小是决定银行定价高低的决定性原因。这就要求我们对银行从事工程保证担保所可能面临的风险进行分析（见图6-1）。

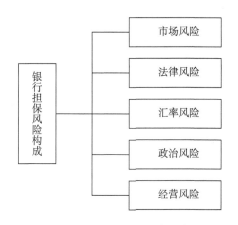

图6-1　银行担保风险构成

一、市场风险

（一）建筑市场管理机制相对滞后

近年来，虽对建设工程管理不断进行改革，逐步转变管理体制，推行项目管理和其他国际上的先进管理方法，以适应市场发展的要求。但由于当前建筑市场不规范，法制不健全，管理缺乏力度，总体而言，建筑市场目前的管理机制还是相对滞后，主要表现在以下几个方面：

（1）投资决策阶段目前尚没有统一的投资估算指标，各单位现行的估算指标价格相对滞后，动态管理依据不足，投资估算失真，造成工程投资的概算超估算、预算超概算、决算超预算的"三超"现象以及建设过程中的浪费。

（2）工程设计阶段是质量和投资控制的关键性阶段，目前对设计市场的管理，处于满足"有关工程建设技术标准"的要求阶段，设计市场缺乏竞争机制，导致设计水平不高，产生了一些质次价高的工程。同时，工程设计费按设计概算取费，造成设计保守，浪费严重，不能有效地提高设计质量。

（3）前期配套工程中的某些行业，如雨污水、供电、供气、电信、消防等部门依靠行业特权垄断市场，肢解分包，随意提高工程造价，严重干扰建筑市场的秩序，助长了不正当竞争风气。

（4）在工程造价的动态管理方面采取的是不同阶段用不同价格的调整方式，合同期调价指数一般由各省市有关部门公布，带有明显的不公正性。我国还缺少与工程调价指数相适应的数据发布单位，造成了工程造价的不准确。

在工程实施过程中，禁止通过使用质次价低的材料、设备来降低工程成本获取利润。完善工程保证担保，使承包商必须严肃认真地对待合同的签订和执行，履行合同规定的义务，以保障业主依照合同条件完成工程建设的合法权益。

（二）盲目建设

由于我国工程保障制度不健全，市场经济对工程的投资效益的控制力很小，仅仅依靠建设部的行政管理无法控制工程建设的方向。部分项目尚未有充足的资金准备就匆匆上马，甚至地方政府申请拨款竟成为部分市政工程的开工目的。这些工程的规划不科学、技术不到位、工程质量低下。建设项目业主后期款项难以到位，承包商在施工过程中人员配备、施工技术等跟不上，都很有可能导致工程中途停工。上述盲目开工建设的行为无疑增加了银行开展担保业务的风险。

（三）行政干预

目前，建筑市场中存在法制不健全、行政管理部门不能严格执法、行政干预、长官意志、法规约束乏力等现象。在立项阶段有些项目的业主从主观意愿出发编制可行性研究，实际上把可行性研究变为可批性研究；有些项目编制虚假投资概算，骗取上级批准；有些项目在不具备立项的条件下通过托人通关系得以立项，这就给项目以后的顺利运作埋下了很大的隐患。

在承发包过程中不按招投标程序进行，行政干预搞假招投标，不能公平竞争，不能优选承包单位，造成建筑市场的混乱。部分工程在资金不到位，不具备开工条件的情况下，建设行政主管部门批准其开工，一些地方政府领导为了追求政绩，无视有关政策法规，在资金不到位的情况下，大兴土木，带头拖欠工程款、压级压价、要求垫资垫料，由此产生了其他业主的从众效应。

（四）工程造价不合理

当前我国建设工程招投标中采用的仍然是以定额计价为主的工程造价计算模式。而工程造价与具体的设计要求、质量要求、工程所处的时空环境等密切相关，而计划经济模式的定额则不能反映这些工程特点的区别。另外，投标单位制订的工程总进度计划、施工方案、分包计划、资源利用计划、管理水平等因素对工程投标报价有直接的重大影响，因此以定额计价模式确定工程造价很难反映投标企业的真实技术水平和管理水平。投标单位没有真正确定投标报价的自主权，不能充分挖掘承包商自身的潜力，不利于推动承包商的技术革新和管理水平的提高，不利于市场调节及约束机制的建立。

（五）承包商造假

承包商取得工程承包任务的前提是参与工程投标，并最终中标。当前建筑工程招标评标方法分定量评标和综合评标两种。

定量评标较科学，受人为因素影响相对较小。实行定量评标，将投标标书分解为五项指标，即投标报价、施工组织设计、工程质量、施工工期、企业资信。评标时各按一定比重，依次给各单位投标标书打分，按评分高低确定中标单位。

有的承包商/施工企业在投标过程中不是根据自身的实力和条件编制自己的投标报价和施工组织设计及其他有关指标，不是通过改进自身的管理水平和提高技术水平来增强自己的竞争能力，而是千方百计拉关系找门路，用不正当手段刺探标底，使自己的投标报价与审定的标底接近，做出不切合自己实际的施工组织设计，盲目提高其他有关指标，以求得高分并最终中标。施工过程中，随意改变投标书及施工合同中的承诺，不认真履行合同，施工组织与投标时的承诺相去甚远；在工程中使用质次价低的材料或偷工减料，造成施工质量差，延误工期；在工程结算时，提出其他无理要求，甚至以工程为要挟，非法滞压工程，给业主带来损失。

我国部分承包商单位管理水平及技术人员水平相对较低，管理机制与信息化落后，不熟悉国际惯例，导致与国外企业竞争时处于不利地位。

二、法律风险

在工程保证担保方面的法律法规不完善，缺乏配套措施，部分法律法规的内容甚至还存在着冲突，配套法规滞后、缺乏强有力的法律支持，这些都成为阻碍我国工程担保制度推行的最重要原因。我国《担保法》规定了保证、抵押、质押、留置和定金五种担保形式，而留置权是指债权人在对被委托的标的物投入了劳动或物料供应后，未得到委托人按合同规定应支付的款项而产生的一种法定权利。这时，留置权利人有权实施对物品的占有，将留置物依法拍卖，所得款项用于偿付债权人被拖欠的款项后，再将余额退回委托人。可见，留置权是保护提供劳动和物料的债权人不被拖欠应得款项的有力武器。

然而，我国《合同法》却规定，留置权的标的物必须是动产，这就使承包商在被拖欠工程款后得不到留置权的保障。而工程承包保证担保之所以成为国外担保公司一种主要的产品，是因为承包商得到付款的权利受到留置权的保护，从而使项目融资问题所带来的风险得到了一定的控制。如果承包商得到付款的权利不能得到保护，就会极大地增加担保银行承保风险。

《招标投标法》中用履约保证金指代工程承包的履约保证担保是不妥当的。

《招标投标法》中，将履约保证金作为一种非强制性的选择，对于推动工程保证担保的引入是有益的，但履约保证金这种提法不甚妥当。首先，从字面上理解，履约保证金就是一笔现金，实际上就是鼓励业主向承包商要求一笔现金作担保。这种担保无论是从合同的公平性、从担保法的规定，还是从国际惯例来看都是不妥的。担保法规定的现金担保只有一种，就是定金。如果将履约保证金理解为定金，则业主违约需双倍退回，但在实际操作中，承包商并未得到此权利。

其次，承包商在承发包合同中一般只有提供技术和劳动的义务，而没有提供资金的义务，承包商自备的有限流动资金只应满足正常履行合同的需要，而若在签订合同时就需向业主支付一笔现金，则不正常地加大了对承包商履约的资金要求，而发生的成本通常又不被承认，这显然有失公平。

最后，从理论上讲，履约保证金依然为承包商所有，只是暂由业主代管，业主是不应随意处置这笔资金的。而在实践操作中，部分业主往往借此机会解决自己的资金周转问题，这为业主强迫承包商垫资提供了便利的条件。

三、汇率风险及政治风险

随着我国加入 WTO，有更多的国际公司参与中国建设，同时，我国的施工企业也有了更多机会在国际建设工程项目中竞标和开展工程建设业务。担保银行在为涉外工程提供担保时，可能较国内工程多面临汇率风险和政治风险。

（一）汇率风险

汇率风险是指由于保函的开立货币与保函中规定用以赔付时所使用的货币的不一致和汇率变动而造成的风险。在业务实践中，往往会发生这样的情况：合同中规定，保函须以买方或业主所在国的非自由兑换货币计价开立，但若出现索赔时，担保银行则需将其折算成美元或其他可兑换货币来实施支付。由于两种不同货币之间汇价变动的风险，就可能给担保银行及申请方带来经济损失。由于汇率的变动，可能会造成实际索赔金额的变动，使保函项下的赔付金额产生不稳定性，使保函本身在某种程度上丧失了其独立于商务活动之外的自主性和完整性。

另外，由于受益人可能在汇率有利于其利益时进行索赔，因此，银行在开展国际工程担保业务时应当注意由汇率变动带来的风险。

（二）政治风险

银行保函业务面临的政治风险主要来源于海外受益人国家不可测度的政治风险，此类风险通常在申请人的掌握之外。某些国家的政局变化更可能造成合同的意外终止，索赔的风险较大。一方面，若受益人国家的经济衰退或受到经济制裁，很可能导致受益人面临经济困难，从而欺诈银行要求赔款。另一方面，政治和经济的不稳定很可能造成申请人无法履约，直接导致银行对受益人进行赔偿。

四、经营风险

（一）关系人风险

由于工程承发包双方的合同意识比较薄弱，而且相关法律不健全和履约约束机制不完善，承发包双方的履约状况均不尽如人意。其中，在订立和履行工程合同义务方面，主体行为不规范主要表现在如下方面：承包人的经营资质、履约意识和能力；发包人的发包行为、支付信用和能力。

（二）来自申请人的风险

一般情况下，担保银行在保函项下主要保证申请人履行某一项合约项下的义务，并在申请人违约、受益人索赔时，向受益人支付一定金额，而后再由申请人对担保银行做出的赔付进行补偿。

工程担保银行面临的客户群主要是开发企业、施工企业及材料设备供应商。部分来自申请人的风险是申请人行业共有的，担保银行可以通过行业调查，了解预期潜在风险量以及风险发生的可能性，并通过担保前的资格审查，拒绝向资格审查不合格的申请人提供保证担保。以施工企业为例，部分施工企业管理不规范，员工队伍不稳定，技术研发力量不足，导致企业未来的市场预期难以把握。担保银行应建立企业资质考评方法，防止资质较差的企业进入担保门槛，从而避免可能造成的担保损失。对开发企业则有更高的财务要求，并同时加强审核开发商以往的付款记录。

此外，申请人方面的风险往往还来自个体的不正常情况，担保银行往往难以在担保前预期这样风险。比如，开发商在担保银行开出保函后，无力偿债或破产，则担保银行可能在向受益人做出赔付后得不到补偿。

（三）来自保函受益人的风险

按照国际惯例，担保人作为商业交易的信用中介，既无义务，也无必要去调查合同当事人之间的争议，也无须去查证基础交易合同的实际执行情况从而判定受益人索赔得合理与否。银行只是尽其"合理且谨慎"地审核受益人交来的保函规定的一切文件，以确定它们是否表面上符合保函条款的要求。因此，索赔是否合理对担保银行的付款责任并无任何影响，只要受益人的索赔是合格的，即提交了保函规定须提交的文件，担保银行就要受其支付义务的约束。

在实际业务操作中，受益人往往要求的是见索即付保函，这样担保银行就有可能遭受来自受益人的不合理的索赔，而银行仍需根据保函条款的规定付款。

（四）来自反担保方面的风险

银行在对外出具保函前，往往要求申请人提供足额的反担保。反担保方式主要有保证金、抵押、质押或由第三方出具的反担保函等几种形式。在抵押或质押作为反担保时，如抵押或质押的手续不全、未按国家有关规定办理登记或转让或重复抵押时都有可能造成银行按保函规定向受益人赔付后无法得到补偿。在接受第三方出具的反担保保函时，反担保人的责任是保证银行对外赔付后，在申请人无力偿还的情况下，补偿银行因履行担保责任而做出的任何支付。但目前在实际业务中仍有不少反担保保函是由非经济实体（如政府部门、公益性事业单位等）或无经济实力的企业出具的。这样，当担保银行对外赔付后又不能从申请人处得到全部补偿，可能面临非经济实体反担保不具有法律效力，或反担保方无经济实力而使反担保书成为一纸空文的风险。即便是有能力的经济实体出具的反担保，也有可能出现反担保人不愿履约或设法逃避债务的情况，从而使担保银行遭受损失。

（五）无条件保函产品的风险

目前，银行在开展保证业务时常见的形式是出具的见索即付保函，见索即付保函独立于主合同的性质，不存在对主合同的依附权，只要受益人按照保函的规定提交了索赔文件，银行就必须付款，银行无权对付款原因进行审查，不管受益人索赔的理由是否真实，也不管委托人是否真正违约，银行都无权进行审查。所以见索即付的风险主要来自于受益人欺诈性的无理索赔风险。因此银行在出具保函前，要注意考虑受益人提出索赔请求的可能性。

独立性担保是一种与基础交易的执行情况相脱离，其本身的效力不依附于基础交易合约，其付款责任仅以其自身的条款为准的担保。在该类担保项下，只要受益人的索赔是有效的，即提交了在表面上与保函的规定完全相符的单据，则不管合同的具体执行情况如何，也不管受益人的索赔是否真正符合合同的规定及是否真实合理，担保银行都必须凭"合格"的索赔付款而不得拒付。独立性担保使申请人处于被动地位并面临一系列风险，比如：受益人可以在合同发生争执时威胁申请人，胁迫申请人履约的风险；受益人可以在自认为申请人已违约但事实上并非如此的情况下动用保函索赔的风险；受益人甚至可以自己不履约，反而恶意诈取申请人资产的风险；等等。这种风险是独立担保自身缺陷所造成的，难以避免，尤其是在仅凭由受益人单方面意志即可"随意"出具的"简单书面索赔"

的情况下更是如此。

（六）保函条款风险

建设工程合同的订立过程中，因本身条件和内容存在缺陷，包括合同内容表述不严谨，容易产生歧义引起争议或纠纷；只有从合同而没有主合同，使从合同不能单独成立；违反法律和行政法规的强制性规定的无效合同；等等。以上这些都会对合同的履行产生障碍。这些情况的出现，无论是主观还是客观的原因，最终必定要通过双方的协商或按调解、仲裁、诉讼的程序去解决纠纷，明确各方当事人应承担的责任。在这种情况下，对合同缺陷承担责任的一方，所采取的态度和实际能力，同样也将构成另一方的风险。

由于保函同其所依附的基础交易合同是各自独立的法律文件（从属性担保例外），虽然保函根据合同产生，但它又独立于合同。换而言之，受益人的索赔能否成立，关键在于其提出的索赔是否满足了保函条款的规定。所以保函条款是否严谨直接关系到担保银行在保函项下的风险。

1. 涉及保函金额的条款

保函作为担保银行对一定金额的支付保证承诺，金额乃是保函的核心要素之一，这不仅体现在担保银行的责任限度，也反映了担保银行所面临的风险程度。以下几方面的原因易造成保函金额问题，使担保银行面临风险：

（1）保函的金额不确定，并非表现为某一确切的具体数值，而是仅以某一个基础合约的百分比数来表示。这一点不仅对那些出具后即独立于基础交易之外的独立性担保来说是不妥当的，即便是对那种效力依附于基础合同的从属性担保而言，也是极有风险的。原因在于：

■ 独立性担保实际上无法具备完整的独立性，因为一旦索赔发生，担保银行势必涉足基础合同本身，以便核实合同金额是否有过变更，从而确定自己实际应承担的付款责任，否则担保银行无从得知受益人索赔的金额是否符合保函的规定。结果往往是使担保银行陷入到合同双方的交易纠纷中难以解脱，甚至令担保银行的信誉为此受损。

■ 由于申请人和受益人双方对合同的修改是完全自由的，在保函本身对此并未做出相反规定及在相关法律对此并未做出禁止的情况下，双方有可能未经担保银行的同意，或根本未通知担保银行知晓的情况下，自主更改合同的金额。由于保函的实际担保余额是随着合同金额的变化而相应变动，在担保期内，申请人与受益人双方自主更改合同金额的行为令担保银行无法了解其实际应负担的责任大小，一旦因申请人破产倒闭造成违约，担保银行势必陷入困境，这无疑会给担保银行以及保函业务本身的正常开展带来诸多不利的影响。

（2）由于使用类似"同意赔付一切损失、损害、费用和开支"等不当保函措辞，使担保银行承担了对受益人所可能遭受的一切损失和费用的赔偿责任，而该损失则完全可能突破保函金额最高限额的控制。

2. 涉及保函期限的条款

保函的有效期越长，银行担负的风险也就越大，担保银行应尽可能避免开立无有效期的保函，因为这无疑使担保银行的风险达到了极点。因此，各类工程保证的有效期应当确切，避免使用"相应于工程完工"等含糊的措辞。

3. 涉及保函索赔的条款

担保银行要逐字逐句研究保函索赔条款的具体内容，尽可能避免"见索即付"之类词语。

保函的索赔条款是有关担保银行赔付条件的条款，该条款中具体规定受益人提出索赔时应履行的手续和应提交的单据和文件。各类索赔条款的措辞不同，表达不一，但归纳起来可以分为有条件索赔条款和无条件索赔条款两大类。

有条件索赔条款是指担保银行在保函中对受益人的索赔及对该索赔的受理设置了若干条件的限制，保留有一定的抗辩权利，即在从属性担保项下，只有在一定的事实条件得到满足之后，在受益人于基础交易合同项下真正获得了索赔权利之时，担保银行才给予付款；在独立性担保项下，只有在受益人提交了某种能真正反映客观事实，真正体现出某一事实、某一事件成立与否的单据或其他书面文件后担保银行方予支付。

无条件索赔条款则是指担保银行在保函中完全放弃了对自己及申请人一方的任何保护，并不要求受益人提交任何能反映客观事实的单据，而仅凭受益人自己所签发的书面索赔，不管其是否陈述了理由，也不管其理由是否属实，只要符合保函的规定，担保银行即行付款而无任何抗辩的权利。

上述两种不同的索赔条款对受益人和申请人来说，各自所面临的风险自然是大不相同的，前者对申请人有利，后者则对受益人有利，因而它们对担保银行也就必然意味着不同的风险和责任。

4. 保函转让的风险

保函分为付款类担保和信用类担保两大类。由于这两种保函在担保职能、付款前提及支付性质等诸方面各不相同，因而在保函转让之后是否会对当事人的权益造成损害方面存在不同的可能。就付款类担保而言，由于支付发生的前提在于受益人本身须履行一定的合同义务而后其才有权索取保函项下的支付，其在性质上就具有权利的获得与义务的履行相统一的特点，如在借贷合同项下的还款保函中，以贷款人提供了借贷的资金作为支付的前提。担保一旦发生转让，受让人也同样只有在完成了其所应予履行的义务之后才能获得保函项下的付款求索权。因此，这类保函的转让给保函当事人造成的额外风险较小。

对于目前在业务实践中更为广泛应用的信用类担保来说，情况就大不相同。由于信用类担保项下付款的发生与否并非取决于受益人对合同义务的履行情况，而仅仅以申请人是否有违约行为的出现作为前提，不存在权利与义务对立统一的要求，因此，这类保函的转让就可能不尽合理。从理论上来说，对于信用类担保，只有在申请人于合同项下出现违约情况时，受益人才能获得索要款项、要求赔偿的权利，这是一种随着申请人违约行为的出现而产生的或有债权，且通常并不与受益人本身的履约义务直接发生关系，如果把这种对或有债权债务关系所做的担保转让给某个合同之外的第三者，由于索赔并不以索赔人完成某种特定的合同义务为前提，就有可能会出现申请人事实上未违约但保函却被他人无理动用的情况。脱离了申请人存在违约行为的前提所发生的索赔对申请人而言就属于无理索赔，从这个意义上说，信用类担保的转让可能会导致申请人利益无辜受损，危及申请人的正当权益。

从另一角度看，在正常情况下，当申请人遭受益人无理索赔时，申请人可以以受益人欺诈或滥用权利为由，依据基础交易合同向法院提起诉讼，从而追回损失。如果保函发生了转让，那么担保银行可能因为对原受益人的某些未了债务承担保证责任。比如履约保函转让给了贷款银行作为抵押，倘若作为借款人的原受益人无法按期归还贷款，贷款银行凭借申请人向原受益人出具的、已经转让的保函提出索赔。在这种情况下，尽管申请人并未违约，但在无条件见索即付的保函项下担保银行却不得不付款。由于受益人对贷款银行有违约行为，申请人将难以追回损失。仅就此点而言，这种以申请人违约作为支付发生之前提条件的信用类担保的转让也是应予避免的。类似转让使申请人在保函项下既承担必须履约的责任，而且还将额外承担其他不应由其担负的责任，如替原受益人承担保证按期向受让人归还贷款的责任，故对申请人来说其风险是很大的。

第二节　银行担保风险管理的现状

一、银行担保风险管理存在的问题

（一）对保证担保的风险认识不清

银行开展保证担保业务除了面临来自申请人的风险、来自受益人的风险、来自反担保人的风险、来自合同条款的风险等主要风险以外，还可能面临着制度风险、管理风险、条款风险、越权风险、程序风险、政治风险、汇率风险、意外风险等其他诸多风险。由于银行对于这些风险的认识不清，从而不能采取相应的措施规避风险。

（二）对承包商的资格审查缺乏客观性，受承保人决策的影响较大

担保银行为市场提供的最终产品是保函，因此承保是担保银行对其产品的生产销售过程。成功的承保可以极大地减小违约事件的发生概率，并为担保公司创造利润。但在实际操作中，承保人在保费利益的驱使下，在对承包商的资格审查上，加入了过多主观色彩。往往将承包商的履约能力估计过高，风险程度估计不足；或存在侥幸心理，导致主观盲目决策。担保银行的具体业务人员若为业绩所诱惑，有时会失去理智的判断，使担保审查工作难以保证足够的客观性。

（三）基础数据缺乏，信用风险管理落后

基础数据体系不完备，数据还缺乏可用性、真实性、及时性、一致性，评级所使用的客户财务信息和管理信息不充分，缺乏不同等级的违约概率估计和违约损失估计，缺少关于企业详尽完整信息的数据库；信用风险管理落后，缺乏成熟的信用风险管理专家系统，以防范信用风险、帮助检测信用评级标准的合理性并实施风险管理。

（四）资信评级结果缺乏规范性

目前，由于企业资信信息的透明度比较低，各种数据分散在政府各个部门，资信评级指标体系尚未统一，缺乏规范性，从而导致评级结果混乱，同一企业在两家不同的担保银行评出的结果有可能相差很大。

（五）担保从业人员素质不高

工程保证担保的从业及相关人员缺乏专业培训，专业素质不高，导致资格审查业务的具体操作不规范，缺乏系统性、公正性和科学性，在一定程度上影响了

审查结果。

二、提高担保费率无法化解银行担保风险

（一）基础原理——信贷配给制

信贷配给（Credit Rationing）是信贷市场上存在的一种典型的现象。信贷配给为如下两种情况：

（1）在所有贷款申请人中，一部分人得到贷款，另一部分人被拒绝，被拒绝的申请人即使愿意支付更高的利息也不能得到贷款；

（2）一个给定申请人的借款要求只能是部分地被满足（如申请100万元，只能得到50万元）。

根据新古典价格的理论，市场价格（这里表现为利率）的自动调整会使对信贷的需求等于供给。那么，理论上则应该不存在信贷配给。传统上，经济学家将信贷配给解释为政府干预的结果（如政府人为地规定利率上限导致需求大于供给）。然而，在斯蒂格里兹和温斯（Stiglitz and Weiss，1981）证明下，即使没有政府干预，由于借款人方面存在的逆向选择和道德风险行为，信贷配给可以作为一种长期均衡现象存在。

（二）银行工程担保配给分析

以担保银行开立承包商履约保函来讲，担保银行的期望收益取决于承包商履约保函担保费率和承包商履约概率两个方面，因此，担保银行不仅关心担保费率，而且关心承包商担保的风险。如果担保风险独立于担保费率水平，在担保需求大于供给时，通过提高担保费率，担保银行可以增加收益，不会出现担保配给问题。实践中，当银行不能观察承包商的履约风险时，提高担保费率将使高履约率的承包商退出市场（逆向选择行为），或者诱使承包商选择更高收益更高风

险的项目（道德风险行为），从而使银行承保的平均风险上升。这是因为，那些愿意支付较高保费的承包商正是那些预期履约可能性低的承包商。结果，担保费率的提高可能降低而不是增加担保银行的预期收益，因此，银行宁愿选择在相对低的担保费率水平上拒绝一部分承包商的担保申请，于是，担保配给就出现了。图 6-2 中，横坐标代表担保费率 r，纵坐标代表担保银行的期望收益 σ，

当 r<r* 时，随着 r 上升，收益效应>风险效应，σ 随 r 上升而上升；

当 r>r* 时，随着 r 上升，收益效应<风险效应，σ 随 r 上升而下降。

可以看出，r* 是银行工程担保业务期望收益最大化的担保费率。

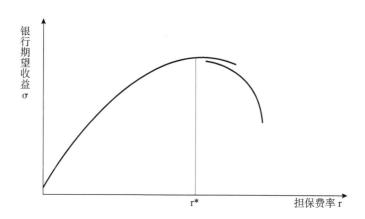

图 6-2 银行担保业务期望收益与担保费率的关系

建立一个简单的模型，假定有多个承包商，每个承包商有两种可能的结果，顺利完工或违约；顺利完工时，从建设项目业主处获得收入为 V>0，违约时，收入为 0。假定承包商承建工程的市场平均利润为 M，且担保银行知道 M。那么，如果 p（V）是给定承包商顺利完工的概率，则 p（V）×V=M，即承包商收入 V 越高，顺利完工的可能性 p（V）越低（可解释为工程难度大、技术要求高或由其他风险因素导致）。假定承包商工程成本为 1，取保额为 1，担保费率为 r。如果承包商获得担保，得以施工，当顺利完工时，承包商获利为（V-1-r），违约时为 0。承包商期望获利为：

$$\omega = p \times (V-1-r) + (1-p) \times 0 = p (V-1-r) \tag{6.1}$$

如果承包商不承接任何工程，那么期望获得为 0。令：

$$V^* = 1+r \tag{6.2}$$

当且仅当 $V \geqslant V^*$，承包商向担保银行申请担保，承建工程。因为 p（V）× V = M，所以：

$$p^* \times V^* = M \tag{6.3}$$

即 $p^* = \dfrac{M}{V^*}$ \hfill (6.4)

联立式（6.4）和式（6.2）得：

$$p^* = \dfrac{M}{1+r} \tag{6.5}$$

当且仅当 $V \geqslant V^*$，承包商向担保银行申请担保，承建工程。即当且仅当 $p \leqslant p^*$，承包商向担保银行申请担保，承建工程。

假定 p 在 [0，1] 区间上密度函数为 g（p），分布函数为 G（p），那么所有成功获得履约担保的承包商顺利完工的平均概率为：

$$\bar{p} = \frac{\int_0^{p^*} g(p)pdp}{\int_0^{p^*} g(p)dp} = \frac{\int_0^{p^*} g(p)pdp}{G(p^*)} \tag{6.6}$$

$$\frac{\partial \bar{p}}{\partial r}p = \frac{\dfrac{\partial p^*}{\partial r}p^* g(p^*)G(p^*) - \dfrac{\partial G(p^*)}{\partial r}\int_0^{p^*} g(p)pdp}{G^2(p^*)} < 0 \tag{6.7}$$

由式（6.7）可知，担保费率越高，申请履约担保的承包商的项目风险越大，履约的可能性越低，这是担保市场上的逆向选择。

担保银行的期望收益：

$$\bar{\sigma} = \frac{\int_0^{p^*} g(p)p(1+r)dp}{\int_0^{p^*} g(p)dp} = (1+r)\bar{p} \tag{6.8}$$

式（6.8）说明，担保银行的期望收益等于没有违约时的收益（1+r）乘以顺利完工的平均概率。可见，并非担保费率越高，担保银行获利越大。

第三节　规避风险的主要对策措施

一、提高担保风险的识别能力

（一）担保风险识别的重要意义

概括地讲，担保风险的识别主要是指对申请担保企业的分析判断。对于担保机构，风险识别具有极为重要的作用。因为，担保银行一旦提供了担保，就相对处于弱势地位。而用反担保措施建立起的安全防线，往往不稳固。要想没有或尽可能少地发生风险，担保银行就应该把好企业的入围关，正确地运用特有的资源配置权力，发挥优势，慎重决定，只让优秀合格的企业入围，为担保银行自己建立担保安全警戒线，可以从很大程度上避免担保风险的发生。[①]

（二）识别风险的途径

从工作实践中摸索出：当开发企业或施工企业提出担保申请时，担保银行应从以下几个方面进行分析，探知该企业潜在的风险。

1. 行业情况

对该企业所处的行业进行分析，可以从宏观角度把握企业的风险。如果该企

---

① 张石. 银行对外保函及其风险防范 [J]. 经济理论与经济管理, 1998 (12).

业处于国家鼓励和支持的行业，社会对该行业的产品有较大的需求，从事该行业的企业普遍都存在盈利的效应，且进入该行业的门槛相对较高，国家对经济实施宏观调控对其影响一般较小，行业的经济波动周期相对平稳，此类企业的行业风险较小，为其提供担保的安全度就较高，反之，风险就较大。

2. 技术和市场情况

为了解企业的潜在风险，有必要分析企业所拥有的技术是否先进，是否可凭此获得较大的市场份额甚至市场垄断的地位，企业盈利模式通常有三种：

（1）靠技术取胜——用高技术含量的产品争取客户，开拓市场；

（2）靠规模取胜——虽然产品在技术上不能胜人一筹，但销售网络宽，销售规模大，以此来获得较高市场份额；

（3）靠资源垄断取胜。

在上述三种盈利模式中，第一种模式的企业风险最小。因为依靠技术创新来推动企业发展，表明企业的内部充满着活力，它的产品能够适应或创造新的市场需求。拥有先进的技术，就能使企业先于对手占领未来市场的制高点，掌握未来市场的发展方向，保证其在市场竞争中处于不败之地。主要依靠销售网络和规模来取胜的模式，其经营根基较不扎实，生命力往往不会很持久，缺乏对市场调节的应变力和免疫力，一旦市场的消费偏好稍有变化和转移，该类企业的产品及其所建立的销售网络通常会很快土崩瓦解，企业的市场寿命也很快结束。我国许多市场寿命很短的中小企业，其失败的主要原因多在于此。第三种仅依靠出售资源来生存的模式，一旦资源枯竭，或资源的掠夺性开采引发生态和环保等问题，将招致灾难性的后果。

3. 管理团队的情况

管理团队是企业的灵魂，一个企业经营好坏，最主要看其管理团队的水平，因为企业的经营行为、盈利模式、市场策略等，都是管理团队行为的结果。但是，在企业的评审分析中，这一重要因素往往容易被忽视。

对管理团队的分析，首先是分析其法人代表的情况。中国的中小企业家可以分为以下几种类型：一是学院派，也可称之为知识精英派。这批人均受过正规的高等教育，拥有专业学科的理论知识，他们之所以自己创办企业，大多是怀着施展自己知识和才华的冲动，脱离政府机构或国有企业进入市场。他们在经营企业时，比较注意理性的思考、规范的经营，以及自己企业的社会信誉。二是乡土派。这批人基本上都是从农村基层脱颖而出发展演变而来。他们中有的是农民，有的是乡村干部，文化程度都不太高。由于生活在社会的较低层，改变自身社会地位的要求特别强烈。自20世纪80年代中国开始改革开放之时，这批人便开始了自己的奋斗。由于他们的奋起正值新旧体制交替，旧体制的影响还非常强大，因此，为了获得生存和发展，在经营活动中，往往都有一些不正规的做法，有的甚至是违反当时法律政策规定的。他们往往为了能达到目的，不惜采用一切正规和非正规的手段。三是关系派。此类人主要依靠他们所掌握的人脉资源行事。他们多数在20世纪80年代中期创业起步，当时中国还处在短缺经济时期，价格双轨制和产品配额制普遍存在，只要能从政府主管部门拿到配额，从国营企业拿到计划价格的产品，就能获得市场暴利。这批人的原始积累，在一定程度上浓缩有权钱交易、公权私有的成分。依靠关系、依靠公权来谋利已成为部分人的基本思维方式。时至今日，他们仍然在不遗余力地经营政府、经营关系，"关系就是生产力"便是他们的行为准则。与他们经营往来须十分小心，稍有不慎，在经济上和政治上都会给担保人带来严重伤害。

其次应该分析管理团队的其他成员。他们的知识、阅历、经验、能力、品德等，都会对其产生重大影响。如果一个企业，仅其法人代表十分能干，但其管理层人员素质不高，整个企业的命运系于一人身上，这类企业将是不成熟、不稳定的。如果管理层人员是由一批精英人才所组成，又有期权等激励机制，由这样一批人管理的企业就大有希望，前途不可限量。

4. 企业的财务状况

企业的财务分析关键要把握以下几点：

（1）负债率。在一般情况下，负债率超过60%，风险就将增大。对于小型企业，负债率最好控制在30%以内。

（2）流动资产与流动负债的比率。由于企业的流动负债一般都是短期，它的偿还靠流动资产的变现，如果流动资产总额小于流动负债总额，就表明企业的流动负债必须要靠出售固定资产才能偿还。而固定资产的变现往往比较困难。考虑到企业生产销售的连续性和资金占用的不同形态，流动资产与流动负债的比率最好为 2 : 1，1 : 0.7 通常被视为底线。

（3）现金获取能力。企业通过销售商品收回成本赚取利润，所用的指标中，除经营性现金净流量需为正值外，每元销售获得现金的比率应该大于等于 1，低于 0.9 通常被视为风险较高，且该指标值一般以销售利润率在 10% 以上为基础。

（4）利润率。通常利润率的高低决定着企业的扩大再生产能力和偿债能力。对被担保企业来讲，反映了企业对担保机构的依赖度。利润率很低的企业，一旦为其提供了担保，就很难再将其甩开。因为这种企业的盈利能力弱，资金链不稳定，银行资金稍有紧缩，担保机构一旦退出，就有倒闭破产的可能。该类企业因其对银行资金的依赖度过高，对其提供担保，一是注意担保额度的控制，规模不宜过大，且要与其提供的反担保资产相适应；二是不能提供两笔以上的担保，以便于担保机构的安全退出。

（5）上缴的税金。自觉依法纳税的企业，其内部管理往往比较规范，对外公布的数据通常比较真实，诚实守信的程度也相对较高。反之，那些千方百计逃税避税的企业，往往充满欺诈和虚假，对社会没有责任感。担保银行应尽量回避向该类企业提供保证担保。担保银行不能只从一般意义上为企业提供担保、帮助其发展，还要着眼于建立良好的社会信用。如果忽视企业的纳税表现，不看重所承担的国家和社会责任，都一律给予担保，久而久之，会助长信用缺失的恶习在企业中滋生蔓延。而企业的信用缺失反过来又会给担保机构带来伤害，造成较大的代偿损失。

二、审查力度与履约率的经济学分析

银行减少风险，首先要建立前期审核机制，包括开立保函前对申请人、反担保人、受益人、担保工程、合同、保函的审查。审核内容包括：申请人基本情况；申请人履约能力；受益人资信；项目批准文件；项目可行性；基础合同；保函条款；反担保措施。

由于担保人和被担保人之间存在信息不对称，担保人若无相应手段制约，将存在较大道德风险。运用博弈论分析担保人的资质、信用审查以及持续担保情况下担保人的承保选择权、浮动担保费率等手段对控制被担保人道德风险的作用。

假设在工程担保中，正常情况下规定被担保人要支付的担保费数量为 P，被担保人努力履行自己的义务比不努力需多花费成本 C，但这时担保银行成本较小，为 D_0，若被担保人不努力履行自己的义务，则导致担保银行成本增加至 D，显然有 $D>D_0$。由于担保银行不能确定被担保人是否会努力履行自己的义务，只有通过资质、信用审查等手段才可以知道被担保人是否努力，审查成本为 b。如果担保银行认为被担保人未能努力履行义务，则要求被担保人返工或采取补救措施，被担保人要为此支出费用 C_1，为减少道德风险，通常有 $C_1>C$。这时担保银行还可以采用增加后续担保费、限制担保范围甚至拒绝担保等惩罚手段，这可折合成费用 F。

这种情形可描述为一种完全信息静态博弈。被担保人有两种单纯策略——努力履约或不努力履约，担保银行也有两种单纯策略——对被担保人进行审查或不进行审查。表 6-1 给出了双方的损益矩阵。

表 6-1　担保银行和被担保人双方损益矩阵

		保证担保银行	
		不审查	审查
被担保人	努力	$-P-C$ $P-D_0$	$-P-C$ $P-D_0-b$
	不努力	$-P$ $P-D$	$-P-C_1-F$ $P-D+F-b$

显然，现实中为使惩罚具有效力，担保银行的惩罚至少会大于审查的成本，即 $F-b>0$，又由 $C_1>C$，$D>D_0$，可知给定担保银行对被担保人进行的审查，被担保人的最优策略则为履约，因为不履约的净收益小于履约（$-P-C<-P-C_1-F$），

但给定被担保人履约，担保银行的最优策略为不审查（$P-D_0>P-D_0-b$），而给定担保银行不审查，被担保人最优策略为不履约（$-P>-P-C$），给定被担保人不努力，担保银行最优策略为审查（$P-D_0-b>P-D+F-b$），因此这个博弈是不存在纯战略均衡的，但该博弈存在混合战略均衡。因为被担保人并不一定履约或不履约，他可以选择不履约的概率为 α（履约的概率为 $1-\alpha$）；而担保银行可以选择审查的概率为 β。或者理解为被担保人可以选择履约的努力程度为 $1-\alpha$，而担保银行可以选择审查的力度为 β。

进一步分析，在这种混合策略下，双方的期望收益分别是：

被担保人：

$$V_1(\alpha, \beta) = (1-\alpha)(1-\beta)(-P-C) + (1-\alpha)\beta(-P-C) +$$
$$\alpha(1-\beta)(-P) + \alpha\beta(-P-C_1-F)$$
$$= \alpha(C-\beta C_1-\beta F) - (P+C) \tag{6.9}$$

担保银行：

$$V_2(\alpha, \beta) = (1-\alpha)(1-\beta)(P-D_0) + (1-\alpha)\beta(P-D_0-b) +$$
$$\alpha(1-\beta)(P-D) + \alpha\beta(P-D+F-b)$$
$$= \alpha(D_0-D) + \beta(\alpha F-b) + (P-D_0) \tag{6.10}$$

由式（6.9）、式（6.10）可求得一个均衡点（一组均衡混合策略），没有哪一方愿意首先改变。

由：

$$\frac{\partial V_1(\alpha, \beta)}{\partial \alpha} = C-\beta C_1-\beta F = 0 \tag{6.11}$$

得：

$$\beta^* = \frac{C}{C_1+F} \tag{6.12}$$

由：

$$\frac{\partial V_2(\alpha, \beta)}{\partial \beta} = \alpha F-b = 0 \tag{6.13}$$

得：

$$\alpha^* = \frac{b}{F} \tag{6.14}$$

因此均衡混合策略为：

$$\beta^* = \frac{C}{C_1 + F} \tag{6.15}$$

$$\alpha^* = \frac{b}{F} \tag{6.16}$$

由上式可看出，当担保银行的惩罚力度 F 越大时，被担保人努力程度 $1-\alpha$ 越高，审查的努力程度可以下降，但前提是这种惩罚是可置信的。在现实中，审查并不一定能够发现被担保人的潜在不履约风险，这也就会使惩罚的可置信性降低，而通过强制担保，使担保与被担保成为一种多阶段博弈，则担保银行可在下一阶段观察到上一阶段被担保人的履约状况后，采取提高保费或拒保（被担保人得不到担保就无法承接工程）来惩罚被担保人，从而使惩罚变得可置信。这不但能提高被担保人的努力程度，还能弥补审查的不确定性等缺点。

从担保费来看，对担保银行而言，其承保决策是独立做出的，因此所要求的担保费必须满足下列条件：

$$V_2\ (\alpha,\ \beta)\ \geqslant 0 \tag{6.17}$$

即：

$$P \geqslant D_0 + \frac{b}{F}\ (D - D_0) \tag{6.18}$$

如果将担保银行的管理成本忽略不计，那么最低可接受的保费为：

$$P = D_0 + \frac{b}{F}\ (D - D_0) \tag{6.19}$$

等式右边第一项 D_0 为担保银行的预期赔款，第二项 $\frac{b}{F}\ (D - D_0)$ 可以看作担保费的附加，担保银行多收这一部分担保费的原因在于防止道德风险造成损失。

被担保人付出的净成本为 $C + \frac{b}{F}\ (D - D_0)$，其前半部分 C 是被担保人努力履约的成本，后半部分 $\frac{b}{F}$（D-D$_0$）是承担担保银行审查的费用，这实际上也是一种道德风险的成本。

三、控制担保期间风险

担保银行可以通过账户管理、设置反担保、风险转移机制、加强后期跟踪管理等多种手段完善担保。

（一）账户管理

银行与承包商在签订保证担保合同的同时，合同中约定承包商必须在提供保证担保的银行开设临时账户，银行有权对账户进行监督管理，甚至对账户进行封闭式管理。银行提供保证担保时可以和承包商约定监管内容和方式。银行也可以委托会计师事务所代理进行监管。银行有权阻止企业违规使用资金，防止企业逃匿资产，在发现企业违规运作或经营状况恶化时，及时行使债权，回笼资金，减少损失。

通常资金监管的协议包含的内容有：承包商在支付大额款项（如大于20万元）时，需向银行递交相关采购（租赁、施工）合同，银行经过审核，方可支付；接受承包商资金转出的账户是否属于该项工程的材料供应者或是劳务提供者等所有；承包商是在弥补旧账还是实时购买；承包商本项目资金是否转入承包商总公司和承包商其他项目部的单位账户。

受到监管的资金包括流入承包商账户的所有货币资金，即业主支付的预付款、工程款，承包商公司总部拨付的临时周转资金，承包商自筹的临时借款，等等。资金监管在某种程度上防止了部分承包商挪用、转移、外借工程资金，为工程项目的顺利实施起到积极作用。

银行在资金监管方面必须注意：承包商是否因为资金周转困难而影响工程进度；承包商是否将本项目资金挪作他用；承包商是否按时支付必须支付的款项，

如工人工资，因为拖欠工人工资经常会造成工程的失败；承包商必须在施工前向银行提供详细的提款计划。

值得引起重视的是，大额支付需经过银行审批条款实际使承包商的资金支付程序复杂化，还延长了承包商的支付时间，影响了承包商的办公效率，有时甚至会让承包商延误商机，从而影响工程的进展和承包商的经济效益，甚至造成工程失败。为了解决资金审批造成的延误，银行可以为承包商设置一笔临时款，并保证临时款支取后账户还有适当的余额。这笔款可以随时支取，但必须在短期内提供支付理由和凭据证明支取款项合理，否则银行将停止以后的所有款项支取。

（二）设置反担保

反担保是指债务人或第三人向为主债务人履行主债务提供担保的担保人所提供的保障担保人的追偿权实现的担保。反担保实际上是担保人转移或避免因提供担保而可能发生损失风险的一项措施。我国《担保法》第四条规定：第三人为债务人向债权人提供担保时，可以要求债务人提供反担保，被担保人对担保人为其向债权人支付的任何赔偿，均承担返还义务。

以建设项目业主支付担保为例，考虑到一旦发包人无力支付工程款或破产清算发生索赔，支付担保应当能够便捷地实施；也考虑到现在相当多的工程不采用工程预付款，承包人应当随着工程进展及时得到工程款的支付，支付担保采用的形式主要为银行保函。由于担保银行的风险很大（保费不到2%），提供建设项目业主支付担保的担保银行为防止向承包商赔付后，不能从业主处获得补偿，可以要求业主以其自有资产、银行存款、有价证券或者通过其他担保人等提交反担保，作为担保银行出具担保的条件，一旦发生代为赔付的情况，担保银行可以通过反担保向业主追偿赔付。

作为提供担保的前提条件，一旦发生赔付后，担保人有权从被担保人或者反担保人处得到补偿。按照《担保法》的规定，反担保的方式有保证、抵押、质押三种。即反担保可以采用其他担保人提供的保证担保以及被担保人依法提供的抵押、质押等。反担保的额度由担保人和被担保人自行商定。

如果采用保证作为反担保方式，反担保人就是银行赔付后的损失转嫁者，如果反担保人能够履约，对担保银行进行赔偿，担保银行就把损失转嫁给反担保人，即使承包商没有履约，担保银行仍免遭严重经济损失。可见，银行在充当担保人的同时，如果要求申请人提供反担保，那么银行就多了一项能直接将风险转移的有力工具。

以承包商履约保证担保为例，银行转移风险的前提是保证担保有反担保人提供反担保，并且当承包商出现违约，银行按照保证条款向业主赔偿的时候，反担保人能够按照合同的要求对担保银行进行赔偿。要实现这个前提，银行在提供保证担保之前必须落实反担保人提供反担保，同时提供反担保的机构必须非常有实力，或者能以抵押等其他方式保证在银行赔偿业主之后，银行能够获得赔偿。

通常反担保人是与被担保人有直接利益关系的单位，如经保证人认可的被保证人的母公司、控股公司或有关银行及其他金融机构。

银行作为保证人必须对反担保人进行严格的审查，除了反担保人的基本情况外，还要特别注意几点：

（1）承包商工程失败是否会对反担保机构有严重的影响，以至于无法赔偿担保银行的损失。如当反担保人是母公司或控股公司时就会出现这种情况。

（2）反担保人是否参与该项工程，是否是分包商、物料供应者，或是其他与工程有直接利益关系的机构或团体或个人。

（3）反担保人对担保银行的赔偿期限。

（4）如果承包商以物品，或现金、不动产信托契约、股票和其他投资应收款转让证书、信用证等提供反担保，担保银行有必要对这些物品进行权属资格的审核。

（三）风险转移机制

风险转移机制理论认为工程保证担保将风险行为者与风险承担者彻底地统一起来，该理论依据谁产生风险谁承担责任的原则，使担保公司在其中扮演了转向阀的角色，将风险后果转回给了风险行为者。对被担保人来说，购买了工程担保意味着承担风险的开始。被担保人通过工程保证担保可以很好地控制经营风险，但并没有使自己完全脱离风险，只是把应该由自己承担的风险"抵押"给了保证担保人，保证担保人就此"抵押"向受益人承诺合同的履行。当被保证人的违约行为导致受益人索赔时，首先由保证担保人向受益人承担保证责任，但最终承担违约责任的仍然是被保证人。承包人清楚地知道一旦发生合同违约，其人为风险的最终后果完全由自己承担，轻则受到经济损失和信誉贬低，增加下次投标的成本；重则失去获得工程担保的能力，从而不能参加工程投标而退出建筑市场。承包人对工程人为风险责任后果有一个正确的理性预期，认识到规避工程违约风险的最好办法是严格履约，减少违约事件的发生，因此工程保证担保对发包人实现了真正的人为风险转移。工程保证担保相当于人为风险的负反馈装置，正是这种风险反馈作用使风险的产生得到了遏制，从而保证违约风险在小概率区界内达到一种动态均衡。

（四）加强后期跟踪管理

银行对项目提供了保函后，要加强对项目进展情况及后期的监督和检查工作。实际上，在激烈的市场竞争中，担保申请人和反担保人都会产生经营风险，反担保物的价值也会有变化，担保银行仍有可能发生赔付的事件。因此，银行要加强后期的保函跟踪管理工作。

担保银行对承包商的资格审查和后期管理离不开完善的决策支持系统。西方国家的担保公司则投入大量的人力从事信息的收集、整理、分析、研究，并且拥有较为发达的决策信息支持机构，而我国的担保机构仍应用传统单一的人工信息处理方法，形成了巨大的反差。

四、提高担保银行的专业化程度

（一）建立完善的信息系统

担保银行应加强和完善对信息的披露，尽可能减少信息的不对称、增强信用信息的透明度，是防止逆向选择和道德风险行为，建立公开、公正、公平竞争秩序的关键。要做到这一点，就必须努力加强和完善信息披露制度，包括联合征信制度、信用公示制度和资信评级制度。建立企业和个人的红名单和黑名单，有奖有罚，真正提高市场主体守信的积极性。当前首先要做好建筑市场信用记录以及相关信息的公开，形成信用信息查询平台，增大信息的透明性和对称性，最终促使整个建筑行业的信用水平提高。同时，担保银行应积极培养从业人员搜集整理信息的能力，提高审查水平。

我国的担保业必须充分重视担保审查决策支持系统的建立。在目前情况下，主要是建设承保管理信息系统，形成系统的客户信息网络、行业信息网络，加大信息共享的步伐。同时，要加强与外部信息沟通，如国家信息中心等，切实建立担保公司担保审查决策系统。这个系统应该是一个集信息报告、业务处理、决策支持和办公自动化为一体的担保审查信息系统，必须具备很高的集中度和承受很大的数据吞吐量，同时，建立专业的担保审查信息管理队伍和软件编程、数据维护部门。

建议由建设行政主管部门牵头建立数据库，实现纵向（主要是各建设行政主管部门间）与横向（与工商、税务等各部门）联网，向担保银行提供相关承包商和业主的各种相关资料，使其对承包商/业主资信水平做出准确的判断。

（二）扩充自身的专业队伍，提高从业人员的综合素质

工程担保的从业人员需有丰富的综合知识。审查人员要有较高的分析能力，能够熟练地根据申请人提供的各种申请材料，如企业管理规划、关键人员、设备清单、财务报表、施工组织方案和在建项目的进度报告等对一个承包商的生产经营状况和发展潜力做出准确的判断；管理人员应具备熟练处理人际关系的能力，能通过与客户的有限沟通交谈迅速建立起与客户的良好关系，以便更多、更深入地掌握客户的信息。

第七章　银行业工程保证担保的
外部制度保障

　　银行业要适应市场发展的要求，在工程保证担保中充分发挥自身的优势，向工程建设的有关方面提供规范周到的保证担保服务，为工程保证担保制度的推行做出示范榜样。完善、有效的外部制度是工程担保业务市场化的前提和保证，是确保银行业顺利开展工程担保业务、维持行业秩序及行业有序竞争最可靠的力量。

　　因此，我们必须充分认识其重要性，充分理解和把握我国相关保障制度及法律制度的基本方针和立法原则，加快我国工程保证担保相关法律、法规的立法进程，给银行业的工程保证担保业务提供良好的发展空间和积极的市场环境。为使工程保证担保制度能在一个较成熟的环境下得到培育与健康发展，除了要求银行加强内部的运行机制建设以外，还有待于外部工程担保制度、行业监管体制、法律制度及诚信制度的完善。

第一节　外部制度保障的基本方面及其存在的问题

一、担保制度及监管体制方面现存的问题

　　这些年来，虽然我国建筑业和基本建设管理体制已经进行了 20 多年的改革，

但长期以来所形成的政府管理工程建设的观念和思维仍然成为人们在工程建设中的主导思想。主要表现在以下方面：

（一）市场主体的担保意识淡薄

虽然建筑市场投资主体已多元化，企业所有制结构也发生了很大变化，但出于多方面的原因，企业（包括业主、承包商等）的工程风险意识依然不强，一旦出现重大问题，往往最终还是要由政府承担很多的风险。同时，工程保证担保作为一项新制度，在我国的工程界、金融界等部门，对其重要性、必要性仍缺乏足够的认识，或是存有风险侥幸心理，或是认为投保将加大工程成本而得不偿失。国内的商业银行、政策性银行对于贷款的工程项目，也没有必须投保的要求。

由于投融资体制问题、工程担保费用无出处、当事人尤其是国有投资单位的工程风险意识和索赔意识比较淡薄等原因，对工程担保制度的重要性、必要性及其作用还缺乏足够的认识，实行工程担保的项目还比较少，导致建筑市场主体对工程担保的需求不足。

（二）保证担保机构行为不规范

担保机构为追求利益，不顾自身实力承保，一旦出现索赔，必然产生巨大的赔付风险，不仅受益人的利益得不到保证，给被保证人造成难以承受的风险，甚至保证机构也可能因此破产。

（三）保证担保标准和收费不统一

我国没有明确规定保函的种类、格式、额度及责任条款，保证人在开展保证担保的时候没有标准可以参照，只能自己制定。这样就造成担保机构出具的保函格式不统一，担保额度、保证担保期限、保证责任等内容不全面的情况，不仅给企业办理手续带来不便，造成业务办理效率低下，也使保证人面临较大的合同条款风险。

由于银监会没有制定统一的保函费率，各银行和担保公司收取费用的标准也不统一。另外，一些担保机构对外报价和实际收费价格相差较大且不明确，而且办理保函的时间通常为 20 天，对项目的中标手续办理、合同备案以及开工的时间有较大影响。

（四）缺乏监管制度及监管机构

由于当前建筑市场不规范，法制不健全，管理缺乏力度，市场管理机制滞后，使建设工程管理存在行业构造松散和无序竞争加剧问题。目前我国缺乏对工程保证担保的有效监管制度，工程保证担保机构实力不强、缺乏工程保证担保中介机构和检测机构，而且政府对工程建设资金到位率监管不力，担保行业组织管理与经营无序，也没有明确的市场监管主体。在推行工程保证担保实践中，存在着合同备案后，承包商履约保证担保和业主工程款支付保证担保相互退还或解除担保、担保机构提前退保等情况，政府部门将工程保证担保规定为办理施工许可证的必要条件，丧失了工程担保的实际意义。目前我国十分缺乏工程担保中介机构和检测或仲裁机构，从而使工程担保难以实现社会化、规范化和科学化。

二、法律制度方面现存的问题

我国与发达国家相比，工程担保起步较晚。直到 20 世纪 80 年代初，工程担保才由国外引入。目前，我国进行工程担保的主要是一些重点工程和重点项目。

工程项目管理体制的转变及国际先进项目管理方法的推进有赖于强有力的法律支持。我国还未形成完善的担保法律体系，工程保证担保方面的法律法规不完善，缺乏配套措施。

对从事工程担保业务的担保机构，其设立、经营、监管、退出制度均无专门明确的法律规定。由于保证担保机构设立缺乏明确的法律规定，造成一些实力薄弱的机构也在开展保证担保业务，如一些储蓄所和农村信用社根本未获准开展担保业务，但也为工程建设当事人出具了所谓的"银行保函"。

三、诚信制度方面现存的问题

在工程担保制度中，担保机构处于工程担保制度的核心地位，之所以需要引入担保，就在于合同当事人一方或双方的资信还不足以保证其合同义务的履行。目前，我国的业主和承包商对实行工程保证担保持冷漠或排斥心理。有学者从理论上剖析这一现象，指出："在工程建设交易市场，公款投资工程的政府部门、建设项目的业主、总承包的发包方都属于强势群体。在国家经济体制转型时期，这些强势群体在市场交易谈判中，凭借有利地位可以取得超额利润、个人利益和其他利益。而包括工程担保及保险制度在内的风险转移制度，是市场机制的一部分，它强调的是交易的公平，这种公平势必与强势群体的利益发生矛盾，从而会遭到自觉或不自觉的抵制。"[①] 工程保证担保推行障碍主要来自以下几方面[②]：

（一）业主

由于我国正处于改革开放和经济建设快速发展时期，建筑市场竞争激烈，业主处于强势地位，对承包商的投标担保、履约担保等虽有要求，但由于建筑市场存在过度竞争，业主对于承包商要求的不是各类担保，而是垫资能力、低价承包能力、与业主的长期关系等，在很大程度上反映了我国计划体制的惯性和不规范、不成熟的建筑市场的特点。此外，从平等交易和责任对等的角度，业主因处于买方的占优地位，通过拖欠工程款达到暂时融通建设资金的目的，抵制承担建设项目业主支付保证担保义务。

---

① 李宁生，温红. 工程担保推广中的难点和症结剖析 [J]. 建筑经济，2005（3）.
② 童佳民. 试论推广工程担保制度的动力和阻力 [J]. 建筑经济，2002（2）.

（二）承包商

我国建筑市场实行施工企业准入制度，业主以往的操作惯例是审查承包商的资质，而不是其风险承担能力。由于建筑业竞争激烈，承包商有时不得不接受来自业主的一些苛刻条件。比如业主盲目压价、压缩工期，甚至要求签订"阴阳合同"、索要回扣，承包商即使有转移风险的意识，也没有转移风险的能力，往往通过偷工减料、虚报造价、降低工程质量标准等不诚信的手段以减少成本。

第二节　改善外部制度保障环境的措施建议

经过多年改革开放的探索，从政府部门的宏观管理到建设市场的微观各方，我国内地建设行业已基本完成了相当重要的制度及社会承受能力的积淀，深层的制度改革与建设正在进一步展开①。我国正在对建设市场管理模式进行新的尝试，试图充分利用市场经济的基本运行模式，通过利益制约和信用保障机制的建立，来构筑对建设市场的规范管理②。此时，改善担保制度、监管体制、法律制度以及诚信制度等外部保障环境显得尤为重要。

一、担保制度及监管体制方面

（一）完善工程保证担保制度

招投标管理部门要结合建筑市场的状况，将工程保证担保纳入招标程序管

---

① 王霁虹. 中国内地强制推行工程款业主支付担保的合法性及相关制度设计 [J]. 建筑经济，2004（2）.

② 李爱春. 建立工程担保制度的思考 [J]. 兰州铁道学院学报（社会科学版），2013（2）.

理，制定具体实施办法；工程质量监督部门要将工程保证担保作为质量管理的重要手段。

我国《合同法》第二百八十六条赋予了承包商留置权。2002 年 6 月 27 日最高人民法院对该条款的司法解释解决了有关工程款优先受偿权的问题，但承包商出于维护与发包人的关系，不敢索要拖欠款的问题仍悬而未决。我国可结合信用制度，降低法律诉讼的执行成本，完善该项工程留置权。在国外，如果建设工程业主拖欠承包商的工程款项，不仅其承包商可以停工，而且由于该业主的信用不好，今后其他承包商也不会承接其工程。另外，承包商受到 "技工留置权"（Mechanic's Lien）保护。美国的技工留置权对《合同法》第二百八十六条进行了扩大解释。"技工留置权" 中的 "技工" 是指为建筑物的完成提供人工、材料和设备的总包商、分包商（包括分包商的分包商）和供货商等（Who can claim a lien—Contractors, subcontractors and suppliers[1]），不管他们是否与业主有直接的合同关系。这调动了各级分包商和供货商的积极性，不管总包商是否行使该优先权，只要他们自己用于构成建筑物的人工、材料和设备未得到支付，他们就可以对该建筑物行使优先权，从而很好地解决了建筑施工企业 "不敢索要" 的问题。

此外，应要求建设工程业主支付担保须同承包商履约担保对等实行[2]，对等的担保法律权利和义务关系，能营造公平的市场环境，还能为担保法律关系的参与各方建立安全的利益保障机制。政府工程在建设活动中所起的垂范作用应引起重视，当政府以建设项目业主的角色进入建设市场时，作为建设活动的参与方，就应遵守游戏规则，不应享有豁免权。

实施工程担保必然增加工程成本，担保费的支付是阻碍工程担保机制实施的关键问题之一。我国在国家和地方的工程造价管理中，未列明此项费用，客观上造成既无投保资金来源，又无投保压力的局面。造价管理部门要研究具体办法，解决工程保证担保的保费列入定额项目的问题。

---

① Gilbert Egle. Colorado Liens and Claims Handbook [M]. Jack Greenwald, 2005.

② 佘立中. 中外工程施工合同条件的比较研究——合同条件及应用问题 [J]. 广州大学学报（社会科学版），2004（3）.

（二）健全工程保证担保监管体制

引入担保一方面提升了合同当事人的信用等级，另一方面提供了损失补偿的保障。因此，担保机构的诚信、担保能力和风险管理水平直接影响着工程担保制度推行的效果。

为了规范工程担保市场，防止工程担保市场上不正当竞争，扰乱市场秩序的情况出现，就必须建立对工程担保机构的监管体系，规范工程担保市场。政府有关部门应该在以下几个方面加强监管工作：

（1）制定工程担保机构担保的风险控制标准、工程担保机构信用及担保能力评价标准体系，建立对工程担保机构定期评级制度。在此基础上，还要制定工程担保行业的准入标准，对担保机构的资本充足率、准备金和经营业绩等指标做出规定，并根据担保机构信用和能力等级，确定允许其开展工程担保的业务范围。

（2）建立工程担保信息统计系统，该系统建立后，对于不具备担保能力或担保余额总额超出担保能力的机构可以限制其出具保函或建议其做出联保、再保等安排。

（3）实行保函备案制度，通过该种制度，政府建设主管部门可以加强对备案保函的合规性进行审核和监督，促使工程担保机构提供符合规范的担保，遏制规避监管的行为，避免工程担保流于形式。由建设行政主管部门对其工程担保合同签订的情况进行必要的监督，并规定：在依据法律规定进行工程施工合同备案时，应同时将工程担保合同备案，并以此作为申请建筑工程施工许可证的必要条件①。这样的监管模式如图 7-1 所示。

从目前正在实施的《沈阳市建筑工程担保试行办法》《宁波市建设工程担保试行办法》《深圳市建设工程担保实施办法》中都可以找到类似条款，但遗憾的是，在实践操作中，各地并没有真正将与担保合同备案相关的条款落到实处，未

---

① Ba Guang'an. How to Innovate the Engineering Guarantee System, Create a Good Construction Market Environment, and Escort the Transformation and Development of Construction Enterprises［N］. China Construction News，2013-12-13（007）.

切实执行担保合同不备案不发施工许可证的条款。

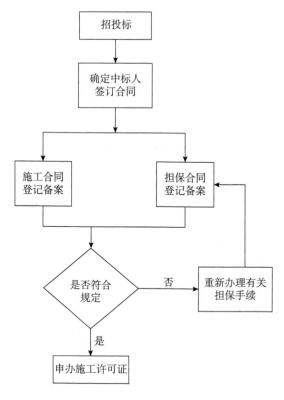

图 7-1　监管流程

二、确立工程保证担保的法律地位

工程担保的顺利开展有赖于立法和合同管理。建立和推行建设工程业主支付担保必须有法律、法规作保障,用合同相制约。虽然我国的《建筑法》《保险法》《担保法》已经出台,但在实践中缺乏对工程担保出现的纠纷进行技术鉴定和责任确定的权威机构,也缺乏强制性监督机制及违约惩罚机制。可见,实行工程担保制度,必须建立符合建筑业和工程建设特点的配套法规,才能保证这项制度健康有序地进行①。因此，建议以《担保法》《保险法》《合同法》和《建筑法》《招标投标法》《建设工程质量管理条例》等为依据，在今后国家和地方的有关立法中，将相应的工程担保的内容写进去。当前，可由建设部会同有关部门联合发文，以推进工程担保制度的建立。从美国的情况来看，法律赋予的强制性是工程保证担保顺利实施的前提条件之一。我国应为建立工程保证制度提供强制性的法律保证，对于需要实行工程保证担保的项目，国家应制定有关法律法规来强制其施行。

建立健全建设市场法律体系，营造良好的建设工程市场经济氛围，创造公平竞争的行业环境，是根治建设市场瑕疵的根本措施②。要充分发挥工程保证担保在市场经济中的重要作用，就要加强对推行工程保证担保制度所需配套法律法规的研究，加快其立法工作，为工程保证担保制度提供强制性法律保证。有必要制定出一部专门针对工程保证担保的法律来规范工程担保制度的施行，使工程保证担保制度成为一项法律制度。

我国在制定工程保证担保法时，应该明确工程保证担保的品种以及担保的范围。其实，在这方面，我国的《招标投标法》已经为我们做出了榜样。在我国的《招标投标法》及其相关的配套法规中，用列清单的方式明确了工程建设项目招标范围和规模标准。我们在制定工程保证担保法及其相关的配套法规时，也应该用列清单的方法，列出实行工程保证担保项目的范围及规模标准。统一制定并公布标准化的各工程保证担保产品的保函、担保业务统一规则及编码系统，使行业协会对工程保证担保市场实施监管，也便于政府实施宏观调控。

政府部门要适应 WTO 信息公开和信息自由的要求，提高有关建筑工程服务贸易的政策法规透明度，不仅要依法管理建筑市场各主体的建设行为，更重要的是为它们提供政策和法规方面的服务，力争为工程保险和保证担保制度的建立创造良好的法律环境。

加入 WTO 后，我国需要承担的义务首先就是根据 WTO 的规定完善有关法规，对不符合国际惯例的法律和规定进行修改和调整，以适应市场准入和国民待

---

① 宋金灿，黄兴宇. 工程担保机制在建设工程管理中的应用 [J]. 中国工程咨询，2005（2）.
② 李爱春. 建立工程担保制度的思考 [J]. 兰州铁道学院学报（社会科学版），2013（2）.

遇的规则；其次是加强对现行法律法规中与工程保证担保制度相矛盾的内容进行研究、清理、修订，完善相关合同条款，这也是我国推行工程担保制度所必须首先解决的问题。

应该修改《建筑法》将工程保证担保制度以法律形式给予明确。1998 年 3月 1 日起实施的《中华人民共和国建筑法》虽然对工程的许可、工程的承包、发包、工程监理、工程安全和工程的质量做出了明确规定，但对在建筑工程中必须实施工程保证担保制度没有做出明确的规定，这样在建筑工程中强制推行工程担保制度就没有法律依据。所以相关部门必须尽快拿出修订意见，提交立法部门讨论通过，这样实施工程保证担保制度就有了法律保障。

应该修改《担保法》以法律形式明确工程担保的种类和操作规程。《担保法》是一部专门的用于指导担保操作的法律，目前在《担保法》中并没有明确工程担保的业务种类和相关标准，在这种情况下，各地担保公司在进行工程保证担保业务中都是凭工作摸索和业务经验开创业务品种和操作规程，这样不但不利于监管部门监管，更容易引发经营风险和诉讼纠纷。

建议立法部门在总结成功经验的基础上，整合资源以法律条文形式明确工程担保的种类和相关标准，指导我国工程担保行业进入正常、良性发展轨道。

同时，有必要明确工程保证担保市场中各方主体的权利和义务，研究建立索赔争议的裁决机构，为推行工程保证担保制度以后发生的纠纷提供技术鉴定和专业意见。

三、诚信制度方面——构建建筑业诚信评估体系

（一）设置资信评级指标的必要性

施工企业拖延工期、偷工减料降低工程质量、业主拖欠工程款等种种现象的本质是建筑市场行为主体的违约，问题的核心直指诚信。由于我国是非征信类国家，长期以来缺乏对个人和企业的信用评价和失信惩罚机制。没有对失信

行为的惩罚机制，失信者不受罚，或仅以小罚惩大戒，趋利避害的心理势必使施工企业屡次冒险，先以低价竞标，再通过偷工减料的方法缩减成本；同时，建设项目业主也敢于一再以失信违约换取拖欠款项所带来的现实经济效益。

可以想象，倘若守信者无法享受因长期诚信所带来的竞争优势和成本的降低，势将趋同于失信者。因此，对个人和企业的信用评价和失信惩罚机制的缺失，也是导致我国建筑市场行为主体信用缺失问题非常严重的原因之一。

建立信用评价体系是顺利推行工程保证担保制度的前提，我国担保主体虽已初步形成，但还远远不够，主体之间互不信任，担保就难以实现。

担保银行的承保工作是在对被担保人信用状况全面掌握的基础上进行的。在美国，担保人不仅自己掌握大量客户资料，而且还可使用各种信用调查公司提供的排名、信用等级及各种分析报告等，使担保人可以比较全面地掌握被担保人的信用状况，从而做出准确的承保风险评判。

同时，由于中标者违约不仅要受到担保人损失追偿，承担保证担保一系列费用，而且不守信用行为还被社会记录，因而中标的承包商一般都严格守约，不敢失信。目前在我国显然尚不具备这样的社会环境。担保人往往依赖自身对企业的评审做出担保决策，没有有效的外部信用资源辅助评审。建立完善的信用评价体系和信用记录机制，无疑对降低担保风险、降低评审成本[①]，推进我国工程保证担保制度的健康发展具有重要意义。

随着社会主义市场经济的建立和发展，应建立和发展资信评级企业。评级人员收集有关被评企业的定量与定性信息，与评级标准进行比较，然后通过权衡选定一个级别。资信评级根据科学、客观、公正的原则，是对企业履行合同义务能力的判断，资信评级不仅要反映企业的综合能力，还要反映建筑企业的规模和技术能力、企业的偿债能力、承担风险的能力和进一步发展的能力，从而适应市场经济条件下投资者的需要和企业自身发展的需要，提供企业的资信状况，为银行实行贷款决策、防范经营风险提供依据，为投资者提供决策依据，引导资金、劳动力、技术等生产要素向资信等级高的企业流动。

---

① 李健，张庆云，朱光华. 建设市场主体信用评价体系建设若干问题的探讨 [J]. 建筑经济，2005（2）.

为了使企业资信评级科学、客观、公正地反映企业的信用状况，必须要建立资信评级指标体系。资信评级指标体系是从事评级工作的依据，也是衡量评级结果是否客观公正的标尺，是评级机构在对被评对象的信用状况进行客观公正的评价时所采用的评估要素、评估指标、评估方法、评估标准、评估权重和评估等级等项目的总称，这些项目形成一个完整的企业资信评级体系，有较强的参考价值。

（二）设置资信评级指标体系的指导原则

建筑企业资信评级指标体系设置，应全面考虑当今的经济环境和经济体制，从资信评级的内容和标准出发，以有关的经济理论和评价方法为基础，同时结合该类型企业自身的特点。设置时尽量做到科学、全面、准确易行，必须能够全面、真实地反映企业的资信状况，为资信等级的评定提供准确的参数。具体来说有以下几个原则：

1. 全面反映科技型企业资信评级的内容

评级涉及企业多个方面，资信评级指标体系的内容应该全面地反映所有影响评级对象资信状况的各项要素，绝不能通过少数几项指标的评价，就做出资信评级的结论。设置时应注意以下几个方面：

（1）应当有盈利能力、发展能力、创新能力的指标，也应该有反映财务风险、经营风险以及现金流量等的指标；

（2）既要有对企业现状的如实反映，也要对企业的发展前景做必要预测；

（3）不但要考核过去的业绩，而且要预测未来的发展趋势；

（4）不但要考虑评级对象本身的情况，而且要研究周边的环境及其产生的影响。

这样才能达到全面评价资信状况的要求。

2. 定性指标与定量指标结合

影响承包商履约能力的因素很多，有的属于数量方面，通常可用数量指标来表示，数量指标用以反映盈利能力等方面的内容。

承包商品德因素、风险等属于质量方面的内容，难以用数量指标表示。这方面的内容还包括领导者素质、员工素质、技术装备水平和管理水平等，通常都只能通过调查了解，用文字来描述。

定性是定量的基础，定量是定性的深化，只有使定性分析和定量分析两者很好地结合起来，或者相互交错运用，才能达到优化的目的。在进行指标设计时，首先要经过准确的定性分析，以确定指标含义、计算范围与内容解释，然后给出指标的计算方法及相应的说明。

3. 指标体系具有可比性

资信评级的指标体系要能进行横向、纵向的比较及与国际标准接轨。所提供的评级信息口径一致，指标体系的设置应尽量与通行标准靠近，但也要考虑到企业自身的特点以及我国的实际情况，资信评级指标体系的建立既要符合客观事实，又要能正确反映评级对象资信等级的真实面貌，评级机构和评级人员必须态度公正，评价客观，以事实为依据，决不能根据个人爱好，任意改变指标项目、计算方法和评价标准。

4. 兼顾指标体系的通用性和针对性

设立的指标体系必须具有广泛的适应性，即设立的指标必须是能反映企业资信等级高低的共同指标，以体现企业资信的平等性，使企业的资信有着基本一致的含义。但由于不同企业往往具有自身的特点，因而具有一定的差异性，因此，为了体现差异性，资信评级指标体系必须具有针对性，要针对建筑行业自身的经营特点，结合建筑行业的发展水平来确定。

5. 指标体系的设置应保证其中的每个评价指标意义明确

所设置的指标，要具有实用性，要能反映企业的发展，反映经营管理的水平；指标的设计要精确、直观、清晰和明确，便于计算、分析和评价；各项指标必须具有严密的逻辑关系，有机地配合，而不是杂乱无序地排列；设计的指标要易于取得，资料来源方便。

（三）设置资信评级指标体系应包括的内容

1. 盈利能力

盈利能力指标是资信评级指标体系的重要内容，经济效益和经营者的业绩主要体现在企业的盈利能力上，具体包括：净资产收益率、总资产报酬率、主营业务收益率三个下级指标。

2. 经营风险

经营风险是企业面对的另一个突出风险因素，是科学地对企业进行资信评级时不可缺少的考察因素。

经营风险评价要体现出企业的资产运营状况，而且也要反映企业基础管理、经营策略、市场营销等诸多因素的影响，在评级的指标体系中，经营风险的评价包括总资产周转率、流动资产周转率、存货周转率、应收账款周转率、不良资产周转率五个下级指标。

3. 企业的财务状况

企业的财务状况是企业经济实力的重要体现，也是衡量企业是否稳健经营的重要尺度。通过财务状况评价指标可以判断企业的长期和短期债务偿还能力的强弱，因此对于财务状况的评价应作为重要内容。财务状况的具体评价指标包括资产负债率、已获利息倍数、流动比率、速动比率、平均贷款逾期天数、现金流量。

其中，现金流量是反映企业经济效益以及成长性的重要指标。企业应该具有质量较好的现金流量。企业经营活动的现金流量应当与企业的经营活动所对应的利润有一定的对应关系，能够保证企业按照预期目标进行运转；还要能够反映企业的扩张需求所需要的现金流量的支持情况，体现企业发展战略的要求。现金流量分析主要应了解以下问题：企业内部现金流量产生能力；在不降低经营灵活性的情况下，企业现金流量履行其短期偿债责任的情况；企业的现金来源，是利用内部现金流动，还是依靠外部融资。

4. 企业的发展能力和发展前景

企业的资信评级必须将企业的发展能力作为重要内容予以考核。

（四）指标测算的技术数据来源

指标的测算必须以大量的数据资料为依据，尤其是定量指标的测算，而数据的来源主要为以下几个方面：

（1）被评级企业的年度财务会计统计资料，即企业年终上报的会计汇总报表数据。年度基础数据用于测算当年的指标值，如资产负债率、净资产收益率以及总资产周转率等。

（2）被评级企业的前三年财务会计统计资料。以前年度基础数据用于测算增长率等指标值，如三年利润平均增长率、三年资本平均增长率、现金到期债务比以及资本积累率等指标。

（3）国民经济统计工作中的企业信息资料、行业相关信息、企业内部有关信息等。

数据的来源渠道主要有：

（1）工商管理部门。承包商的注册信息、年检信息由承包商所属的工商行政管理部门进行管理。

（2）各级统计部门。国家统计局及其所属的统计机构经常性地对各类企业进行统计，其中包含对承包商企业的统计，担保银行可从中了解承包商的基本经营数据、财务状况以及建筑行业总体状况。

（3）专项行政司法管理部门。我国一些政府管理部门对企业实行专项业务管理，拥有大量专项信息，从中可以获得相关的承包商信用信息，如税务局的承包商纳税及财务信息、法院的承包商诉讼记录、证监会及其所属机构拥有上市承包商的经营管理信息等。

（4）社会各类中介服务机构。这些机构包括银行、资产评估公司、资信调查公司、研究机构等，它们出于自身的业务目的而搜集到的大量企业公共信息往往也具有很高的参考价值。

（五）建筑企业资信评级标准及资信等级的划分

1. 资信评级标准

在资信评级中，要评价某一项指标的好坏，必须要有评级的依据，即标准值。确定标准十分重要，资信评级的标准有利于评价和判断，标准值选择不当，计算出来的指标分值就不公正，评级结果会因人而异，无法统一。建筑企业资信评级指标的标准大体上采用以下三种方法确定：以建筑行业的平均值作为标准值；根据经验，确定标准值；确定一个标准值范围，即最高值和最低值。

2. 资信等级的划分

建筑企业资信等级一般设三等十个级别，从 AAA 到 D，每一级为 10 分。即 90-100 分为 AAA 级，80-90 分为 AA 级，以此类推，0-10 分为 D 级。实际应用中，对资信差的企业很少评级。

（六）建筑企业资信评级指标体系的指标内容

建筑企业资信评级指标体系分为五个方面：
（1）企业素质：资质等级、市场地位、员工素质。
（2）资本信用：全部资产自有率、资产负债率、流动比率、呆滞资金占压率、流动资产贷款偿还率、工程款支付率。
（3）经营管理：施工总产值增长率、施工质量优良率、合同履约率、施工安全、全部流动资产流动加速率。
（4）经济效益：资金利税率、营业利润率、利润增长率。
（5）发展前景：市场预测、发展规划及措施、管理手段。

（七）建筑企业资信评级指标体系的分析和方法

1. 定性分析

定性分析是自行评价中的重要手段。但对定性指标进行评价，存在一定的局限性，即在评价过程中容易出现主观随意性，评价结果会受到评级人员的价值观、知识水平、经验丰富与否和资料占有的多与少，以及评级人员与评级对象的关联等因素的影响，使评级结果有丧失客观性、独立性和公正性的可能。对此，必须在方法设计上力求克服上述不足，最大程度地保证评级过程和评级结果的客观、独立和公正。因此，必须设置一些技术规范，对每个指标指定评价参考标准，限定定量指标的评价人数，另外还必须制定定性指标的评级规则，尽量使评级过程做到规范化。

2. 行业分析

此部分是对企业所处行业状况、市场状况和公司具体经营环境进行分析，对建筑安装工程业行业风险进行研究分析，研究结论将作为对该行业企业资信评估的调整因素。主要包括：建筑业经济周期；金融形势、通货膨胀的影响；国家固定资产投资、基本建设投资、更新改造投资、房地产开发投资规模影响；政府影响和建筑业宏观调控政策；国际政治关系对国际承包工程的影响；行业容量和周期性分析；本地建筑业市场供需结构；工期长短、资金占用情况、垫资风险、生产任务的稳定性、工程量大小；本地政府支持力度和地域优势；本地该行业发展趋势及与本地基本建设投资和房地产投资的关系；市政建设、国际工程承包、水利水电施工、铁路施工、公路路桥施工状况。

3. 企业实力分析

（1）业务范围。建筑安装工程业的业务范围在很大程度上影响企业的竞争状况，其主营业务范围包括：城市基础设施建设，主要指市政工程、高速公路、房屋建设、机场建设、地铁工程、水厂、污水处理厂和管道、给排水；国际工程承包、水利水电施工、铁路施工和公路路桥施工等。

资信评估人员在对企业的竞争能力进行分析时，有必要对所评企业所处的子行业有一个充分的了解。

（2）企业规模、注册资本与净资产。建筑安装工程业企业经营周期长、业务跨度大，具有明显的规模经济性。同时，新《建筑业企业资质管理规定》中设置的新资质标准对施工总承包企业提高了注册资金和净资产的要求，并对承包额设置了与企业资本金挂钩的上限，所以企业规模与注册资本在很大程度上影响企业竞争力。

（3）自行垫付工程费用和资金实力分析。建筑安装工程一次性投资大，资金占用多、周转慢、风险大、见效慢，要求建筑安装企业有较雄厚的资金实力。建筑安装工程的结算方式也与一般工业生产有很大不同。它不是随着产品的销售随时结算、及时收回款项，而是要按完成产值达到总造价的一定百分比或在完成分部或分项工程后结算。在分部、分项工程或完成产值达到总造价的一定比例之前，需要建筑安装企业自行垫付工程费用。资金长期占压必然使建筑安装企业所承担的经营风险增大，效益难以在短期内实现，因此，要求建筑安装企业本身有雄厚的资金实力。

4. 企业竞争力分析

（1）市场份额。建筑企业利润与市场的份额直接相关，存在着明显的规模倾向，"强者越强，弱者越弱"，因此企业经营产品所占市场份额大小是企业经营成败的重要指标。

（2）企业知名度。品牌资产对于一个企业而言是其生命线，因为企业生存依赖的就是信用和质量。企业与客户的往来依赖其自身的信用情况。

（3）成本控制能力。成本控制是一项系统工程，涉及各项能力及管理制度等。为了更简单、直接地对此项能力进行考察，一般采用"管理费用/主营业务收入"这项参考指标作为定性分析的参考。

（4）扩张能力。建筑行业正处于一个重新组合的阶段，经营环境正在迅速变化，企业发展带来很大的影响，规模小的企业正逐渐消失，淡出市场，而新型企业正大力抢占市场份额。在这个特定阶段，只有具有强有力的经营实力和扩张能力的企业才能在产品、市场和主营业务上根据外部环境的变化而迅速做出反应，获得足够的发展空间。要对企业在本行业的声誉及未来发展规划、今后几年的经济效益、产值、新签合同额的发展趋势、可能发生的重大事件等方面进行分析。

（5）技术素质。主要生产设备在技术上的先进性和状态上的成新度，主要设备利用程度、净值及使用年限。

（6）战略发展计划。建筑安装工程业企业规模普遍很大，经营周期长，业务跨度大，企业经营发展战略对企业资信等级的影响相当大。完善的战略计划不仅指明了公司的发展目标，也在一定程度上反映了管理人员的素质、能力和管理效率。

（7）企业的资质。特级总承包商可不受地域限制在全国范围内承揽工程，获取特级资质的公司不仅可进一步扩大市场份额，而且可通过产业内重组兼并一些未获得一级资质企业，从而确定行业内强势地位。

要仔细对企业资质进行审核，并注意是否具有特级资质和有关荣誉称号，曾从事过何种大、中型项目的施工，是主包，还是分包，分包何种工程，是本企业直接从事施工，还是其开办单位或上级公司从事施工。

5. 企业经营管理分析

（1）管理层能力。担保银行从领导者能力、企业组织结构、资产统一管理能力、管理层应变能力、企业的经营战略、管理层的风险倾向、管理的一贯性和可信性、管理层变动、市场开拓的理念和贯彻执行能力、管理模式等方面分析管理层综合能力。

（2）决策机制。在建筑企业中，经营环节烦琐，采购环节复杂，涉及很多不同的行业领域，因此，一个有效合理的决策授权机制是决定其管理有效与否的重要因素之一。只有建立足够灵活的决策机制才有可能面对变化如此迅速的市场。

（3）人力资源管理。随着现代信息技术的大量使用，现代企业对于从业人员的素质要求越来越高。大量成功公司的经验证明，有效激励和在职培训是两大成功的因素；有效激励包括股权激励、期权激励和远景激励等多种方式；在职人员培训的频率和质量将是一个重要的参考指标。

（4）信息化程度。没有一个高度现代化的信息系统，企业在未来的竞争中就会处于下风，甚至被淘汰。必须结合企业的信息系统与整个经营流程的情况来做具体分析。

6. 会计政策与报表质量分析

财务报表质量和可靠性是所有行业资信评估的分析内容，其考察范围相当广，主要从财务报表本身的局限性、报表的真实性和会计政策不同选择影响的可比性来分析。

（1）会计政策的变更情况及其原因。

（2）商誉与无形资产的处理原则。

（3）会计师事务所的审计意见及报表异常情况。

（4）应付账清付的情况和银行借款的偿付情况。

（5）供应商应付账的清付情况。一般而言，企业往往需要大量依赖供货商的信用支持，对供应商的应付账也往往构成其负债的主要部分。供应商给予的应付账期能客观地体现企业的信用情况，特别是对于出现应付账期的调整的现象。

（6）银行借款的偿付情况。缺乏银行信用支持对于一个企业来说是不可想象的。企业与银行的往来状况及还款情况将充分说明企业的资金甚至盈利情况。

7. 定量分析

（1）盈利能力分析。盈利能力是企业偿债能力的重要保障因素，因为利润是偿债资金的来源之一。由于建筑工程企业的债务结构相对复杂和业务范围跨度很大，所以营业外收支净额对利润贡献力相对较大。具体评估内容包括资本盈利能力、权益回报能力、盈利能力变化趋势等。该部分的核心评估指标如下：

- 净资产收益率＝EBIT/净资产×100%；
- 主营业务利润率＝主营业务利润/主营业务收入×100%；
- 主营业务收入。

（2）偿债能力及偿债压力分析。因为建筑企业工程承包额和垫资量巨大，工程施工周期长，主要从以下方面评估企业的短期偿债能力和长期偿债能力：流动资产和建设周期（尤其是存货的流动性）、工程承包额和注册资本的比较、建设周期和预收工程款额度比较。在核心指标中设有以下指标：

- 流动比率＝流动资产/流动负债；
- 利息保障倍数＝税息前利润/利息支出；
- 借款权益比＝借款总额/（借款总额＋所有者权益）×100%；
- 担保比率＝期末未清担保余额/所有者权益×100%。

以上指标分别从长期和短期的角度来考察企业的偿债能力，同时还要分析偿债能力和偿债压力的比较优势，因此还要评判企业长期偿债压力大小，要对长期负债绝对值的大小进行评估。

（3）资本结构和资产质量分析。资本结构是指在企业的总资本中，权益资本和债权资本的构成及其比例关系。在定量分析中，通过"总资产""主营业务收入"等多项指标对企业的资产规模和质量做分析，其中"主营业务收入"是重点考察的一项因素，它最直接地反映了企业在市场中的份额。同时，对建筑安装业企业来说，还要考虑资本潜蚀风险，主要考虑待摊费对利润的影响。同时参考资本化比率来反映企业负债的资本化或长期化程度，该指标值越小，表明企业负债的资本化程度越低，长期偿债压力越小。主要指标如下：

- 资产负债比率＝总负债/总资产×100%；
- 总资产；
- 资本化比率＝长期负债合计/（长期负债合计＋所有者权益合计）×100%。

（4）财务状况分析。主要是指财务风险状况分析，即基于公司的财务数据定量分析公司的财务状况。如果把企业的偿债行为分为主观上愿意和客观上能够支付两个层次，财务风险定量分析和评价侧重于解决支付债务的客观财务状况保障，即客观上能够支付方面的分析。财务指标分析主要是用财务比率方面的计量指标，从财务质量角度对被评企业进行考核，分为核心指标和行业特殊指标两个评估内容。

（5）现金流量分析。对于外贸企业而言，现金流就是生命。由于建筑安装工程企业的生产周期较长，并且垫付款相当大，所以企业经营活动的现金流转能力普遍较低，相对而言，其投资活动的现金流出却相当大，同时固定资产折旧、在建工程、长期投资对利润与现金流量之间差距的影响也很大。

要对企业的经营现金流和盈余现金流进行分析。其中,经营现金流主要是经营现金流与流动负债的比值,由此可大致估算企业在经营过程中出现周转不灵的可能性。要以指标"FFO/总负债"对企业进行考察,反映企业的现金盈余及现金支持其扩张的能力。

还要考察外部融资后的现金流量,检验企业的财务政策。这些测量根据企业的具体经营情况、企业增长策略和财务政策进行。这些测定数据的变化表明企业动态现金流量的稳定性。该部分的核心评价指标如下:

- 流动资金投资和利息支付前的现金流量(FFO);
- 经营活动现金净流量/流动负债;
- FFO/总债务;
- 折旧影响系数=折旧额/经营活动现金流量;
- 流动资金投资后的营业现金流量,评估企业如何管理流动资金;
- 支付利息前的现金流量,评估企业偿还利息的能力;
- 支付股利前的现金流量,评估企业内部资助长期投资的金融灵活性。

(6)企业发展前景预测。核心指标中采用"净资产增长率"和"主营收入增长率"两项指标作为企业历史发展的客观考核内容,来考察企业的发展趋势。该部分的核心评价指标如下:

- 净资产增长率=[(本期净资产−上2期净资产)/上期净资产−1]/2×100%;
- 主营业务收入增长率=[(本期主营业务收入−上2期主营业务收入)/上期主营业务收入−1]/2×100%。

(7)信用分析。信用状况是指企业在生产经营结算中延期付款行为或资金的借贷关系,是影响企业资信等级的重要因素之一。主要从商业信用和银行信用两方面考虑。

商业信用是指商品交易中由于延期付款或延期交货形成的借贷关系,是直接的信用关系,企业能否按时支付货款和按时回收全部货款也直接表明了企业的承债能力。

银行信用则主要从贷款按期偿还率和利息支付率等方面加以考虑。借款能否及时偿还，综合反映了企业生产经营活动情况。逾期贷款是贷款危险的信号，银行通常都把逾期贷款率作为考核企业贷款流动性和偿还情况的重要指标。因此，逾期贷款率在一定程度上反映了贷款的风险程度和企业资金信用状况。

- 贷款按期偿还率＝（1−期末逾期偿还借款余额/期末借款总余额）×100%；
- 贷款利息支付率＝已支付贷款利息/应支付贷款利息×100%；
- 货款支付率＝（期初应付货款+本期外购货款−期末应付货款）/（期初应付货款+本期外购货款）×100%。

第八章　结论与展望

第一节　结论

通过与国外相关制度的比较，参考国际工程保证担保制度相关经验、借鉴发达国家的先进方式，并与我国实际情况相结合，提出我国发展工程保证担保的主要方向。

担保制度源自美国工程界的实践，我国多位专家学者从理论上验证了其有利于解决我国建筑业市场主体行为不规范的问题。借助推行工程保证担保制度，可以通过提高建筑业的准入门槛，净化建设市场环境。

工程保证担保在风险处置模式上与其他措施不同，工程保证担保主要通过建立信用机制来防范信用风险，着眼于利用利益制约机制解决利益问题。其与风险控制、风险自留、风险转移、风险处置一起构成工程项目风险的防范处理体系。推行工程保证担保制度，有利于完善我国工程项目的风险管理。

现代金融理论的中介理论认为：由于信息的不对称、不完全，导致资源在配置过程中产生诸如风险、逆向选择和道德风险、交易成本等许多问题，这使中介的存在成为必然。考虑建设市场的情况，在完全市场的假定条件下，资源的配置不需要中介，因此，担保机构的存在是没有意义的。但是现实中不存在完全的市场，信息不完全且不对称，从而建设市场的结构也不是完全竞争的，这决定了担保机构出现的必然性。

工程保证担保不同于一般的付款担保，其对专业性的知识和技能要求较高，因此，用发展的眼光看，银行更适合经营业主支付保证担保、承包商付款保证担保等以及时付款为保证内容的支付类担保业务，专业的工程保证担保公司更擅长提供承包商履约保证担保等可能需要提供后期技术援助的保证担保。但在我国当前专业担保机构缺乏的情况下，鉴于银行资金实力强、商业信誉好等优势，银行保函应成为主要形式。

银行业经营工程保证担保业务，不仅有利于在比较公正的立场上协调业主与承包商之间的关系，还有利于建设资金循环的畅通，确保建筑市场健康发展。

第二节　展望

研究银行业推行工程保证担保制度的重要理论依据是经济学中的信息不对称原理、委托—代理理论、期权理论、市场经济中的合同理论以及法律上的相关规定。本书运用上述相关的理论，在对工程保证担保制度进行深入探讨的基础上，对工程保证担保制度的银行金融业支持机制进行分析。然而，任何一种制度的顺利实施不仅有赖于内部机制的建设与完善，更需要外部制度的保障和相关各界的协调配合，并且其实行效果也有待于实践的检验。

我国的承包商履约保函虽略显稚嫩，但我国各大城市已在实践中逐步推行。在我国建设市场中，工程业主地位高于承包商地位，供求双方地位往往不平等，是业主拖欠工程款的原因之一。为了鼓励投资，搞活建设市场，在业主与承包商之间出现利益冲突时，相关的法律法规政策更倾向于保护出资方（业主）的利益。因此，在工程保证担保中，尤其是业主支付的保证担保制度的全面推行有利于通过相关法律法规的实施进行强制规定。

开展工程保证担保业务的本质是经营信用，不仅银行业要制定风险防范机制，保持自身信用，同时法律界要加强对推行工程保证担保制度所配套的法律法规的相关研究，加快其立法工作，使银行开展该项业务时有法可依。

信用评价体系的建立是能否顺利推行工程保证担保制度的关键点之一，各个主体之间互不信任，担保就难以长久发展。此外，需要通过立法明确工程保证担保市场中各方主体的权利和义务，研究建立索赔争议的裁决机构，为推行工程保证担保制度以后发生的纠纷提供技术鉴定和专业技术意见。

从总体上来看，正是由于银行业具有不可替代的重要作用，所以工程保证担保的金融支持机制必须不断发展和完善。但是，银行担保额度相对于担保费级数倍的放大，也就是风险的放大。因此，建立工程保证担保的金融风险与防范机制，是当务之急。

我国目前建立和推行银行业工程保证担保制度还存在许多困难，建立我国工程保证担保制度应加强工程保证担保的立法、培育担保主体和中介机构、积极改革我国工程造价体制等多方面解决保费来源、建立完善社会信用制度、发挥政府的推动作用。发挥工程保证担保制度的银行业支持机制的作用，需要更紧密地结合中国目前的实际情况，我国政府应按照突出重点、先易后难、逐步推进的原则，以积极的态度稳步推行这项制度。

参考文献

［1］白宗芹. 我国工程价款优先受偿权若干问题探析［J］. 四川教育学院学报，2012（3）.

［2］蔡作斌. 拖欠工程款的成因及依法追索［J］. 建设经济，2004（5）.

［3］陈靖. 拖欠农民工工资现象的成因及法律对策［J］. 经济师，2005（1）.

［4］陈宽山. 建设工程施工合同纠纷判解［M］. 北京：法律出版社，2010.

［5］陈瑜，李知谕. 在工程建设领域推行工程保证担保制度的探讨［J］. 国外建材科技，2006（2）.

［6］程伟，孙玉. 美国工程保证担保制度发展及借鉴［J］. 施工企业管理，2005（5）.

［7］迟琳. 工程款拖欠问题的政府机制问题研究［J］. 基建管理优化，2009，21（3）：28-30.

［8］戴维·W. 皮尔斯. 现代经济学词典［M］. 上海：上海译文出版社，1988.

［9］邓世敏. 商业银行中间业务［M］. 北京：中国金融出版社，2002.

［10］邓晓梅，田芊. 国际工程保证担保制度特征的研究［J］. 清华大学学报（哲学社会科学版），2003，18（2）.

［11］邓晓梅. 中国工程保证担保制度研究［M］. 北京：中国建筑工业出版社，2003.

［12］丁士昭. 工业发达国家工程合同管理及风险管理［J］. 建筑，2001（12）.

［13］杜文宏. 国际保函惯例及其适用［J］. 对外经贸实务，1997（11）.

［14］方令，丁新正. 我国担保行业的发展态势及其下一步［J］. 重庆社会科学，2014（10）：30-37.

［15］冯禄成. 商业银行贷款风险管理技术与实务［M］. 北京：中国金融出版社，2006.

［16］高芳敏等. 实物期权在风险投资决策中的应用研究［J］. 财经论丛，2001（1）.

［17］编委会. 工程担保合同示范文本［M］. 沈阳：辽宁电子出版社，2006.

［18］古莉. 关于实施工程担保制度的体会和建议［J］. 工程建设与设计，2003（11）：36-37.

［19］何伯森. 国际工程合同与合同管理［M］. 北京：中国建筑工业出版社，1999.

［20］何伯森. 国际工程招标与投标［M］. 北京：水利电力出版社，1994.

［21］何官燕. 菲迪克（FIDIC）合同条件的比较研究［J］. 西南民族大学学报（人文社会科学版），2004（2）.

［22］黄本要，唐登山. 企业融资风险的期权控制策略［J］. 武汉理工大学学报（社会科学版），2002（2）.

［23］黄建中. 合同法总则重点疑点难点问题判解研究［M］. 北京：人民法院出版社，2005.

［24］黄金强. 实际施工人应享有工程价款优先受偿权［N］. 江苏经济报，2014-12-03（B03）.

［25］黄强光. 建设工程合同纠纷司法前沿问题析解［M］. 北京：法律出版社，2010.

［26］黄绍棣，倪炜. 我国建立工程保证担保制度的探讨［J］. 建设监理，2001（5）.

［27］黄卫. 建设部副部长黄卫在北京市建设工程质量安全工作会议上的讲话［R］. 2007.

［28］建设部建筑市场管理司调研组. 关于建设领域工程款拖欠问题的调研报告［N］. 中国建设报，2003-12-11.

［29］江文博. 解决工程款拖欠的应对之策［J］. 财会通讯·综合，2005

（3）.

［30］靖继鹏. 应用信息经济学（第二版）［M］. 北京：科学出版社，2007.

［31］雷俊卿. 国际工程承包中的经济担保与风险［J］. 国外公路，1994（5）.

［32］雷胜强. 国际工程风险管理与保险［M］. 北京：中国建筑工业出版社，1996.

［33］李艾. 支付担保刻不容缓［J］. 基建优化，2004（6）.

［34］李爱春. 建立工程担保制度的思考［J］. 兰州铁道学院学报（社会科学版），2013（2）.

［35］李秉祥，杨永辉. 项目投资中的期权及其决策分析［J］. 西安理工大学学报，2000（2）.

［36］李栋. 工程保证担保制度启动阶段的问题和对策［J］. 建筑经济，2005（8）.

［37］李健，张庆云，朱光华. 建设市场主体信用评价体系建设若干问题的探讨［J］. 建筑经济，2005（2）.

［38］李宁生，温红. 工程担保推广中的难点和症结剖析［J］. 建筑经济，2005（3）.

［39］李小轶. 工程保证担保化解开发风险［J］. 经济参考报，2005（4）.

［40］李晓斌. 突破建设领域拖欠工程款问题的瓶颈［J］. 建筑经济，2004（3）.

［41］李晓春. 工程款拖欠引发的法律思考［J］. 佛山科学技术学院学报（社会科学版），2005（1）：77-81.

［42］李燕鹏. 美国的工程项目保险与保证担保［J］. 建筑经济，1998（8）：27-32.

［43］林慧，李立新，刘萍. 浅论工程款担保机制［J］. 沈阳建筑大学学报，2006（4）.

［44］刘捷. 对工程担保的思考［J］. 山西财税，2006（5）：13-15.

［45］刘巨荣. 浅议工程担保问题［J］. 科技情报开发与经济，2004（3）.

［46］刘鹏程. 国际工程承包项目中的银行保函实务［J］. 石油化工设计，

2003（2）.

[47] 刘淑莲. 期权估价理论与财务策略 [J]. 会计研究，1997（2）.

[48] 刘伊生，王小龙，陈忠林. 国外工程担保制度及其启示 [J]. 工程管理学报，2010，24（1）：13-17.

[49] 刘园. 商业银行表外业务及风险管理 [M]. 北京：对外经济贸易大学出版社，2001.

[50] 刘允延，罗光强. 实施建设工程款支付担保的必要性 [J]. 建筑技术，2004，35（9）.

[51] 吕成，朱士永. 推行工程担保制度在工程管理领域的意义 [J]. 科技信息（学术研究），2007（34）：283.

[52] 吕疆红. 美国工程保证担保制度的经验与借鉴 [J]. 长沙航空职业技术学院学报，2003（3）.

[53] 罗建，陈红莹. 反担保制度研究 [J]. 西南民族大学学报（哲学社会科学版），2002（4）.

[54] 罗曙光. 对我国工程担保制度实施过程中若干问题的思考 [J]. 江西金融职工大学学报，2007（4）.

[55] 马超，牟海瑞. 浅析建设工程施工合同司法解释二背景下的工程价款优先受偿权制度 [J]. 太原城市职业技术学院学报，2019（7）：203-204.

[56] 茅宁. 期权分析——理论与应用 [M]. 南京：南京大学出版社，2000.

[57] 孟庆福. 信用风险管理 [M]. 北京：经济科学出版社，2006.

[58] 孟宪海. 典型担保方式在建设工程中的应用及其法律区别 [J]. 建筑经济，2001（4）.

[59] 孟宪海. 国际工程担保制度研究借鉴 [J]. 建筑经济，2000（6）.

[60] 苗会状，董捷. 推行工程担保制度防范工程信用风险 [J]. 建筑市场与招标投标，2006（5）.

[61] 倪炜，季建明，应柏平. 关于工程担保方式的探讨 [J]. 建筑，2002（4）.

[62] 王明亮. 2003年建筑业企业被拖欠工程款3670亿元 [J]. 建筑经济，2004（7）.

［63］潘天群. 博弈生存：社会现象的博弈论解读［M］. 北京：中央编译出版社，2004.

［64］蒲夫生，温铁强. 我国商业银行小企业的融资担保研究——关于第二顺位担保物权在反担保中的具体运用［J］. 金融论坛，2006（6）.

［65］秋泰仓，徐玲珍. 工程保证担保制度探讨［J］. 技术经济与管理研究，2006（5）.

［66］任兰英. 国际融资担保中银行保函的效力及其风险防范［J］. 金融理论与实践，1998（2）.

［67］草刈耕造. 公共工程合同新履行保证制度［M］. 邓晓梅，顾林生，黄湘露译. 北京：中国建筑工业出版社，2004.

［68］佘立中. 中外工程施工合同条件的比较研究——合同条件及应用问题［J］. 广州大学学报（社会科学版），2004（3）.

［69］沈达明，冯大同. 国际经济贸易中使用的银行担保［M］. 北京：法律出版社，2001.

［70］沈志军. 对建设工程履约、支付信用担保的探索［J］. 建筑，2002（5）.

［71］盛春奎，王旭峰，徐伟. 中国推行工程担保制度的探讨［J］. 建筑技术，2004，35（8）.

［72］史尚宽. 债法各论［M］. 北京：中国政法大学出版社，2000.

［73］宋金灿，黄兴宇. 工程担保机制在建设工程管理中的应用［J］. 中国工程咨询，2005（2）.

［74］宿辉. 投标担保的法律分析［J］. 吉林建筑工程学院学报，2005（2）：57-59.

［75］孙慧，孙华兵. 对工程保证担保有关问题的探讨［J］. 港工技术，2006（4）.

［76］孙建平，孟庆鹏. 担保法与工程担保的法律配套性研究［J］. 辽宁广播电视大学学报，2006（4）：26-27.

［77］孙劲峰，黄依柱，朱萍. 工程担保制度试点与推进分析［J］. 建筑经济，2007（1）.

［78］孙泳，赵明扬. 建设工程施工合同无效时工程款优先受偿权的判定［N］. 江苏经济报，2015-01-07（B03）.

［79］台双良，刘仁辉，李忠富. 对解决我国工程拖欠款问题的思考［J］. 建筑经济，2004（2）.

［80］唐旭，成家军. 现代商业银行业务与管理［M］. 北京：中央广播电视大学出版社，2002.

［81］陶长琪. 信息经济学［M］. 北京：经济科学出版社，1996.

［82］陶红燕. 银行保函的风险及法律防范措施［J］. 上海金融，1999（10）.

［83］童佳民. 试论推广工程担保制度的动力和阻力［J］. 建筑经济，2002（2）.

［84］外资建筑企业获准登陆中国市场［N］. 北京青年报，2002-11-14.

［85］汪光焘. 建设部部长汪光焘在全国建设工作会议上的报告［R］. 2007.

［86］汪辉. 构建工程担保安全网的关键要素研究［D］. 清华大学博士学位论文，2015.

［87］王春廷. 国际承包工程保函的种类及注意事项［J］. 安徽建筑，1999（3）.

［88］王高明. 工程价款优先受偿权预告登记之构想［J］. 法制与社会，2009（12）.

［89］王洪波，刘长滨，张丽. 建立和完善我国建设领域风险管理制度的探讨［J］. 建筑经济，2006（9）.

［90］王霁虹. 中国内地强制推行工程款业主支付担保的合法性及相关制度设计［J］. 建筑经济，2004（2）.

［91］王金荣. 实行工程保证制度规范建设经济活动［J］. 建筑经济，2002（6）.

［92］王进，刘武成. 论入世后工程风险管理制度的建立［J］. 基建优化，2002（4）：11-14.

［93］王素卿. 开拓创新、重在落实：大力推行工程担保制度［J］. 建筑市场与招标投标，2005（5）：7-11.

［94］王卫东. 试论建设项目资金支付信用担保的必要性及可行性［J］. 建筑，2004（5）.

［95］王雪青. 国际工程项目管理［M］. 北京：中国建筑工业出版社，2000.

［96］巫泽华. 中国建筑行业债务链形成原因与对策探讨［J］. 广西城镇建设，2006（6）.

［97］吴福良，仲伟周. 建设工程担保理论及其应用［J］. 西安财经学院学报，2003，16（2）.

［98］吴晶妹. 信用管理概论［M］. 上海：上海财经大学出版社，2005.

［99］厦门市建设与管理局. 推行工程担保制度构筑建设市场诚信体系［J］. 建筑经济，2002（6）.

［100］向为民. 建立完善工程担保制度探讨［J］. 重庆工学院学报，2005，19（1）.

［101］谢建蓉，朱桂龙，何泽荣. 银行对外担保业务［M］. 成都：西南财经大学出版社，1989.

［102］徐丹丹. 对工程保证担保制度若干问题的探讨［J］. 法制与社会，2007（1）.

［103］徐恒峰，崔秀敏. 建筑市场工程款拖欠的原因与应对［J］. 郑州航空工业管理学院学报（社会科学版），2004（6）.

［104］闫文周，刘春江. 建设领域拖欠工程款和民工工资解决机制研究［J］. 理论导刊，2004（7）.

［105］杨文祥. 信息资源价值论［M］. 北京：科学出版社，2007.

［106］杨雄. 上海市副市长杨雄在全国清理拖欠工程款电视电话会议上的发言［R］. 2004.

［107］姚念慈. 见索即付保函统一规则译文和注释［J］. 新金融，1994（1）.

［108］易军. 论法定担保物权体系中的承包人法定抵押权判解研究［M］. 北京：人民法院出版社，2003.

［109］尹忠显. 新合同法审判实务研究［M］. 北京：人民法院出版社，2006.

［110］印朝富. 支付担保——解决工资拖欠的探索与实践［J］. 建筑，2003

（1）.

[111] 英国皇家银行学会. 信用风险管理 [M]. 北京：中信出版社，2003.

[112] 于立等. 信用、信息与规制 [J]. 中国工业经济，2002（6）.

[113] 在我国建立工程风险管理制度研究课题组. 建设领域应大力推行工程担保与工程保险制度——对我国建立工程风险管理制度的研究 [J]. 建筑，2003（9）.

[114] 张东林. 市场经济需监管体系工程保证担保化解开发风险 [J]. 中华工商时报，2003（9）.

[115] 张石. 银行对外保函及其风险防范 [J]. 经济理论与经济管理，1998（12）.

[116] 张维等. 实物期权不确定性环境下的战略投资管理 [M]. 北京：机械工业出版社，2001.

[117] 张维迎. 博弈论与信息经济学 [M]. 上海：上海人民出版社，1996.

[118] 张运惠. 中国建筑企业国际竞争力的实证分析开放导报 [J]. 建筑经济，2002（5）.

[119] 张志强. 期权理论与公司理财 [M]. 北京：华夏出版社，2000.

[120] 赵晓菊，柳永明. 金融机构信用管理 [M]. 北京：中国方正出版社，2006.

[121] 赵一波. 建筑工程价款优先受偿权的法律属性 [N]. 人民法院报，2004-04-16.

[122] 中国投资担保有限公司. 2006 中国担保论坛 [M]. 北京：经济科学出版社，2007.

[123] 周春生，长青，郭良勤. 等待的价值 [J]. 经济研究，2001（8）.

[124] 周辉斌. 银行保函与备用信用证法律实务 [M]. 北京：中信出版社，2003.

[125] 周坚，陈春来，倪炜. 业主支付担保推广受阻的原因分析与对策研究 [J]. 企业经济，2005（2）.

[126] 周锐，周盛廉. 工程担保操作实务 [M]. 北京：中国建筑工业出版社，2007.

［127］周盛世. 工程承包中银行出具履约保函的若干问题探讨［J］. 建筑经济，2006（2）.

［128］朱传斌. 建设工程价款优先受偿权行使的起算点及期限［J］. 湖南科技学院学报，2017，38（6）：76-78.

［129］祝铭山. 建设工程合同纠纷［M］. 北京：中国法制出版社，2003.

［130］庄克平，吴奕. 无效合同是否享有工程价款优先受偿权［N］. 江苏法制报，2012-08-14.

［131］邹小燕，朱桂龙. 银行保函及案例分析［M］. 北京：中信出版社，1993.

［132］Chen Hua. Engineering Guarantee Guarantee and Guarantee［J］. Journal of Taiyuan University of Technology（Social Science Edition），2003（2）：64-66.

［133］Deng Xiaomei. Research on China's Engineering Guarantee System［M］. China Construction Industry Press，2003.

［134］Department of Policies and Regulations of the State Planning Commission. Interpretation of the "Law of the People's Republic of China on Tendering and Bidding"［M］. China Planning Publishing House，1999.

［135］Duan Bing. The Engineering Trend and Application of Credit Risk Management［J］. International Financial Research，2002（6）：10-16.

［136］Fan Min. Research on the Mechanism for Solving the Problem of Arrears in Project Payments in the Construction Field［D］. Xi'an University of Architecture and Technology，2004.

［137］Feng Jingchun，Yang Chen，Wang Rongxi. Discussion on My Country's Engineering Guarantee System［J］People's Yellow River，2002（7）：6-8.

［138］Gilbert Egle. Colorado Liens and Claims Handbook［M］. Jack Greenwald，2005.

［139］Han Chuanfeng，Yin Wei. Game Theory Analysis on Owner's Payment Guarantee System to Solve Project Payment Arrears［J］. Construction Economy，2006（3）：24-27.

［140］Hangzhou Construction Industry Administration，etc. Construction Project

Management Practice and Research [M]. China Water Resources and Hydropower Press, 2001.

[141] He Bosen. International Engineering Bidding and Bidding [M]. Water Conservancy and Electric Power Press, 1994.

[142] Huang Chao. Research on Issues Related to Corporate Bond Credit Risk [D]. Wuhan University, 2014.

[143] Hu Jiying, Guan Ke, Li Zhongfu. International Comparative Analysis of Construction Project Contract Management [J]. Modernization of Construction Management, 2004 (3): 35-37.

[144] Legal Work Committee of the Standing Committee of the National People's Congress. Interpretation of the Property Law of the People's Republic of China [M]. Law Press, 2007.

[145] Lei Shengqiang. International Engineering Risk Management and Insurance [M]. China Construction Industry Press, 1996.

[146] Li Aichun. Thoughts on the Establishment of a Project Guarantee System [J]. Journal of Lanzhou Railway University, 2001 (2): 58-60.

[147] Liang Huixing. The Nature and Application of Rights in Article 286 of the Contract Law [J]. Journal of Shanxi University (Philosophy and Social Sciences Edition), 2001 (3): 5-7.

[148] Li Hu. Theoretical and Empirical Research on Construction Project Guarantee System [D]. Zhejiang University, 2003.

[149] Lin Hui, Li Lixin, Liu Ping. Discussion on the Guarantee Mechanism of Project Funds [J]. Journal of Shenyang Jianzhu University (Social Science Edition), 2005 (1): 37-39.

[150] Li Qiming and others. Engineering Construction Contract and Claim Management [M]. Science Press, 2001.

[151] Li Qing. Research on Construction Engineering Guarantee Risk Management [D]. Central South University, 2006.

[152] Liu Li. Conflict and Coordination between the Priority Right to be Paid for

the Project Price and the Mortgage Right of the Project under Construction [J]. Contemporary Economy, 2012 (7): 60-61.

[153] Liu Weina. Research on The Priority Right of Compensation System for Construction Project Costs [D]. Shanghai Jiaotong University, 2008.

[154] Liu Xinlai. Introduction and Practice of Credit Guarantee [M]. Economic Science Press, 2006.

[155] Liu Yan. The Priority Right of Compensation for Construction Projects in the Security Real Right System-from the Perspective of Comparative Law [J]. Forum on Political Science, 2004 (3): 146-151.

[156] Liu Yufei. Contemporary Western Finance [M]. Peking University Press, 2000.

[157] Ma Ziqiang, Kuang Kaicui, Fang Jianhui. Analysis of the Integrity Evaluation Index System of Construction Enterprises [J]. Journal of Tongji University (Social Science Edition), 2003 (4): 57-63.

[158] Pan Jingcheng. Introduction to Economic Law [M]. China Financial and Economic Publishing House, 1999.

[159] Shen Fuqiang, Guarantee Legal Practice [M]. Lixin Accounting Publishing House, 2000.

[160] Shen Jianzhong. Basic Real Estate System and Policy [M]. China Price Press, 2001.

[161] Song Jincan, Huang Xingyu. The Application of Engineering Guarantee Mechanism in Construction Project Management [J]. China Engineering Consulting, 2005 (2): 21-23.

[162] Wu Fuliang. American Large-scale Project Management Research and Experience Reference [M]. Haitian Press, 2000.

[163] Wu Fuliang, Zhong Weizhou. Theoretical Analysis of Engineering Guarantee Mechanism [J]. Journal of Xi'an Jiaotong University, 2001 (S1): 46-50.

[164] Xiang Weimin. Discussion on Establishing and Improving the Engineering Guarantee System [J]. Journal of Chongqing Institute of Technology, 2005 (1): 57-59.

[165] Xie Congcong. Research on Credit Rating of Engineering Supervision Enterprises [D]. Dalian University of Technology, 2008.

[166] Yang Rui. Research on the Owner's Payment Guarantee Guarantee System for Public Investment Projects [D]. Chongqing University, 2007.

[167] Yang Xia. Reference Significance of Engineering Guarantee System for Risk Management in My Country [J]. Journal of Chongqing Jianzhu University, 2002 (4): 69-71+95.

[168] Yin Wei. Research on the Owner's Payment Guarantee Mechanism for Construction Projects [D]. Tongji University, 2006.

[169] Yuan Yuan. Research on Government Supervision and Governance of Project Payment Arrears in the Construction Market [D]. Central South University, 2006.

[170] Zhang Zhongqiu. Risks and Prevention of Bank Guarantees in International Contracting Projects [J]. Construction Economy, 2000 (6): 11-13.

[171] Zhao Genshan. The Establishment and Improvement of My Country's Engineering Guarantee Guarantee Industry Standard Mechanism [J]. Today Keyuan, 2010 (12): 117+119.

[172] Zhao Ziang. The Integration and Construction of the Commercial Guarantee System from the Perspective of the Civil Code [J]. Henan Social Sciences, 2018, 26 (12): 34-39.

[173] Zheng Meihua, Zhang Yunbo. Game Theory Analysis of Owner's Payment Guarantee [J]. Journal of Wuhan University of Technology (Information and Management Engineering Edition), 2010, 32 (5): 837-840.

[174] Zhou Jian, Chen Chunlai, Ni Wei. Analysis of the Reasons and Countermeasures for the Hindrance of the Promotion of Payment Guarantees by Owners [J]. Enterprise Economics, 2005 (2): 149-150.

[175] Zhou Xianfeng, He Baizhou. A Comparative Study on the Legal Status of the Rights of the Parties Involved in the Priority Right of Compensation for Project Funds [J]. Construction Economy, 2004 (4): 53-56.

[176] Zhou Yongxiang. Research on the Selection of Construction Engineering

Guarantee Guarantee Mode [J]. Journal of Jilin Institute of Civil Engineering and Architecture, 2008 (1): 85-88.

[177] Zhu Shuying. Solve the Project Payment Defaults from the Source by Legal Means [J]. Construction Economy, 2004 (4): 57-60.